美国孩子
最喜欢问的为什么

关于**地理**的
有趣问题

张梦菲　编著

北方妇女儿童出版社
·长春·

图书在版编目（CIP）数据

关于地理的有趣问题 / 张梦菲编著. -- 长春：北方妇女
儿童出版社，2016.1
（美国孩子最喜欢问的为什么）
ISBN 978-7-5385-9652-6

Ⅰ.①关… Ⅱ.①张… Ⅲ.①地理—少儿读物 Ⅳ.①K9-49

中国版本图书馆 CIP 数据核字（2015）第 290493 号

美国孩子最喜欢问的为什么

关于地理的有趣问题

GUANYU DILI DE YOUQU WENTI

出 版 人	刘　刚
策　　划	师晓晖
责任编辑	佟子华　王　贺
装帧设计	李亚兵
开　　本	787mm×1092mm　1/16
印　　张	10
字　　数	150 千字
印　　刷	三河市兴国印务有限公司
版　　次	2016 年 1 月第 1 版
印　　次	2017 年 2 月第 2 次印刷

出　　版	北方妇女儿童出版社
发　　行	北方妇女儿童出版社
地　　址	长春市人民大街 4646 号
	邮编：130021
电　　话	编辑部：0431-86037512
	发行科：0431-85640624

定　价：29.80 元

好奇心是儿童的天性，更是儿童性格中最突出的一个特点，英国大学学者弗朗西斯·培根曾经说过："好奇心是孩子智慧的嫩芽。"科学家的研究也已经证明：多问为什么的孩子更聪明。当孩子开始认识我们这个多姿多彩的世界时，无限的好奇心就驱使着他不断地发问"为什么"。

对于我们这个日新月异、缤纷多彩的世界，总是有许许多多的疑问，让孩子们的小脑瓜感到疑惑与好奇。或许，每个孩子都曾向父母提出过这样的问题：我们的地球究竟是什么样的？为什么我们太阳会东升西落？如果用一个超级钻头穿过地球，那会怎样？春、夏、秋、冬和白天黑夜是怎么回事……

孩子们的好奇心总是无穷无尽，对于这些孩子们感到奥妙无穷，而大人们却习以为常的地理现象和地理事物，父母们该怎样解答？翻开这本书，我们将从孩子们最感兴趣的方面和视角入手，以优美的图片和精准的文字来解答孩子一连串的"为什么"。

目录

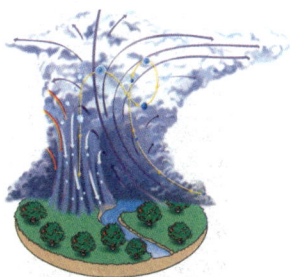

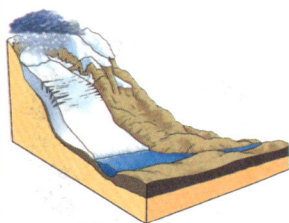

水星

金星

地球

火星

木星

土星

天王星

海王星

宇宙中的地球是什么样?

人类对地球和宇宙的探索从未停止过，到目前为止，以人类现有的观测手段，总星系是人类所能观测到的全部宇宙空间范围。总星系包括河外星系和银河系，河外星系约有 10 亿个，银河系由 2000 多亿颗恒星和太阳系的八颗行星组成。我们人类生活的地球就处在银河系中的太阳系内。如果将目前发现的宇宙范围比作无际的汪洋大海，那么，我们的地球就仿佛是这大海中的一只不起眼的小舟。

▼地球是太阳系八大行星之一

2 地球是怎样形成的?

目前,"大爆炸理论"是一种被人们普遍接受的宇宙起源理论。根据这种理论,科学家们推测,大约 150 亿年前,宇宙中曾经发生过一次大爆炸,爆炸产生的碎片形成了大片的星云。这些星云中的微粒互相吸引、聚集,形成越来越大的颗粒环状物,并开始吸附周围一些较小的尘粒,后来这些尘粒体积日益增大,慢慢聚集为砾石。砾石变成小球,小球逐渐变大,成为微行星。再经过了一段漫长的时间之后,这些微行星聚集为许多大的星体。我们的地球就是这其中的一个。此后,地球又经历了沧海桑田的变迁,成为了我们今天看到的样子。

▼一颗正在形成过程中的
行星想象图

3 地球的内部是什么样子的?

不可思议

地球的黄金总储量大约有 48 亿吨,而 99% 以上的黄金都在地核内(约 47 亿吨),分布到地壳的只有不到 1 亿吨。

地球可分成地壳、地幔和地核三层,三部分的物质结构不同。地壳是由岩石组成的固体外壳,是地球固体圈层的最外层,平均厚度约为 17 千米。地壳处于不断的变化之中,它不断的运动,使地表变得凹凸不平,因此地壳的厚度也不均匀。高山和高原地区地壳比较厚,最高可达 70 千米左右,平原和盆地的地壳则相对较薄,而大洋地壳的厚度只有几千米。例如青藏高原就是地球最厚的地方。

地球的中间部分叫作地幔。它位于地壳和地核之间,是地球内部体积最大、质量最大的一层,厚度约 2900 千米。地幔由上下地幔两部分组成,上地幔顶部是一层岩石,比较坚硬,而下部分却比较软,通常被称为软流层,同时也是岩浆的发源地;下地幔则是由固态物质构成的。因为地球内部的温度很高,所以岩浆经常会处于一种沸腾的状态。当它们聚集在地表并且受到地球压力的时候,就会喷发出来。

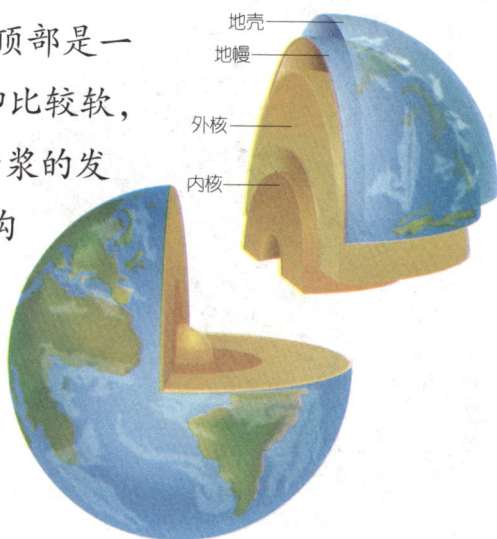

地壳
地幔
外核
内核

▲ 地球的内部结构

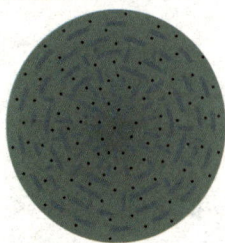

铀等放射性元素释放出
的热使地球内部变热,易熔
部分开始逐渐化解

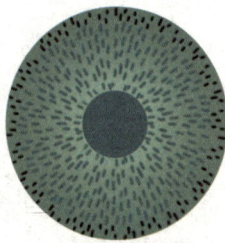

铁和镍等重金属开始在
中心周围沉积。轻元素成为
岩浆,浮在距地表不远处

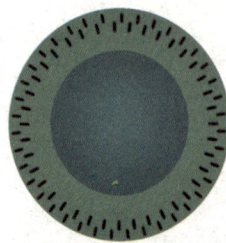

向地心沉积的铁和镍开
始形成地核

地核在中心形成,地表
冷却,大陆地壳开始形成

▲ 地核的形成

4 地核是什么样的?

地核位于地球的最内部,是地球中温度最高的部分,最高可达 5500℃ 左右,甚至可与太阳表面的温度相比。在这种高温、高压和高密度的情况下,没有我们平常所说的"固态"或"液态",地核内的物质既具有钢铁那样的"刚性",又具有像沥青那样的"可塑性"。这种物质不仅比钢铁坚硬十几倍,而且还能慢慢变形而不会断裂。

对于地核的具体情况,人们还知之甚少。但有一点科学家是深信不疑的:地球内部的各种物质始终处于不停息的运动之中。有的科学家认为,地球内部各层次的物质不仅有水平方向的局部流动,而且还有上下之间的对流运动,但这种对流的速度很小,每年也仅移动 1 厘米左右。

▲ 地核的密度很大,即使最坚硬的金刚石,在这里也
会被压成黄油那样软

猜猜看:谁率领的船队第一次完成了环球航行,证明地球是球形的?

5 地球形成之初是什么样的?

地球刚形成时,到处是滚烫的岩浆。此后,地壳表面开始慢慢降温。到了约25亿万年前,地球表面开始形成了最原始的岩石、海洋和大气,此时,最低等的原始生命也开始产生。后来,地球上开始出现大片的陆地,海洋中的动物也开始繁盛起来。一些长鳍的鱼类开始离开海洋,成为脊椎动物的祖先。此后,地球上各种生物包括人相继出现。

关于地球……

人们只有到宇宙中去看地球,才能对地球的外貌一目了然。1961年,苏联"东方一号"载人宇宙飞船发射升空,宇航员加加林成为首个在宇宙中看到地球的人,他惊叹道:"地球原来是这样一个蔚蓝色的大球!"

6 地球是圆的吗?

上地理课时,地理老师常会带来一个地球仪,来给我们讲解地球的知识。课堂上,我们看到的地球仪是一个规则的球体。但实际上,地球真正的形状是一个椭圆形球体。由于地球时时刻刻都在自转,不同的位置以自转轴为中心,承受着大小不等的离心力,如赤道处所受的离心力远远大于两极。于是,地球就渐渐形成了一个赤道略鼓、北极凸出而南极略凹的椭球体。科学家经过长期的精密测量发现,地球平均半径约为6371千米,而赤道半径约长6378千米,这点差别十分微小,从宇宙空间看地球,仍可将它视为一个规则球体。

▲ 地球的形状有些像梨

7 地球有多大?

地球究竟有多大呢?科学家曾经计算过,地球的表面积约5.1亿平方千米,体积约为10800亿立方千米。举个例子,假使从地球的最北端的北极一直向南走,到达它的最南端的南极,得有2万千米。这么远的路程,如果按每天行程50千米步行计算,就要连续不断地走上400天;要是坐上一架每小时能飞行800千米的喷气式飞机,也得25小时才能到达。

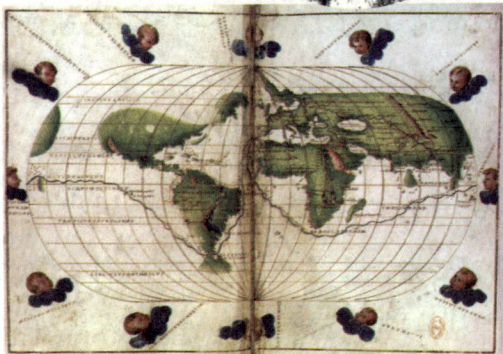

▲ 麦哲伦环球航行路线图

这还只是地球的半个圆圈。假如我们沿着它的最大纬线圈——赤道,向东或向西行,整整飞行一圈,再回到原出发点,那就需要50多个小时,要连续飞行两天多。想当年航海家麦哲伦率领船队绕地球一圈是花了近三年时间的。地球之大可想而知。

8 地球有多重?

18世纪末,英国物理学家亨利·卡文迪许先后进行了一系列实验来"称量"地球的重量。卡文迪许运用牛顿的万有引力定律"两个物体间的引力与两个之间的距离的平方成反比,与两个物体的重量成正比";通过利用细丝转动的原理,设计了一个测定引力的装置,用一个铅球作参照测量并计算出地球的重量为60万亿吨。

9 地球有多大年纪了?

地球的年龄就是地球从原始的太阳星云中积聚形成一个行星到现在的时间。科学家通过测定坠落在月球上的陨石的年龄,发现月球的年龄大约为46亿年。根据太阳系中各天体形成时间相仿的原理,人们推算出地球也是在46亿年前形成的。在这46亿年中,有40亿年地球上是无生命的,这个时代被称为太古代和远古代。地球出现生命后的6亿年分为古生代、中生代和新生代。人类出现在新生代,在地球史中是非常短暂的,如果将地球的演变过程46亿年当作2小时的电影来看,人类则出现在最后的2秒钟。

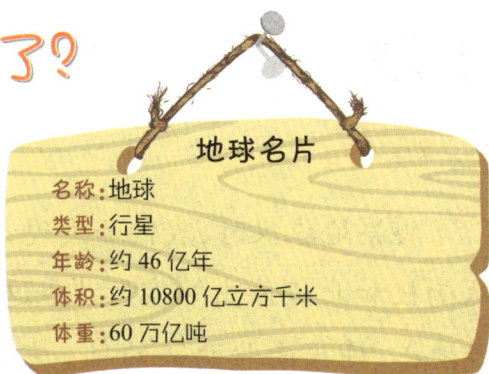

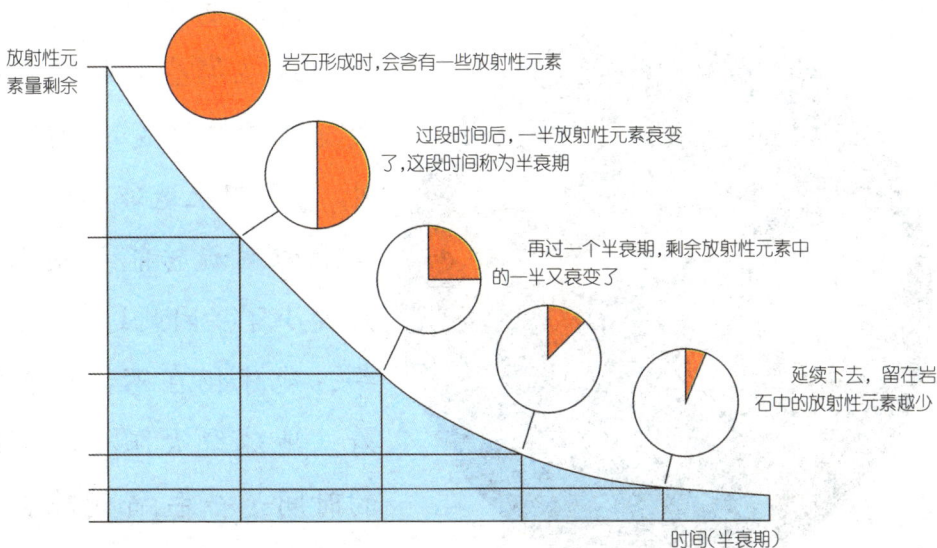

地球名片
名称:地球
类型:行星
年龄:约46亿年
体积:约10800亿立方千米
体重:60万亿吨

放射性元素量剩余

岩石形成时,会含有一些放射性元素

过段时间后,一半放射性元素衰变了,这段时间称为半衰期

再过一个半衰期,剩余放射性元素中的一半又衰变了

延续下去,留在岩石中的放射性元素越少

时间(半衰期)

▲ 放射性元素测定年代示意图。在20世纪初期,科学家发现,放射性元素的半衰期十分稳定,几乎不变化,于是就采用测定岩石中放射性元素的残余和衰变产物来推测地球的年龄,经过同位素的测定,发现地球的年龄有几十亿年的时间

10 什么是地轴？地球为什么会绕地轴自转？

观察地球仪时，我们会发现，地球仪上有一根小棒纵穿地球，从南极和北极伸出。实际上，这根棒代表的是地轴。地轴是穿过地心、连接南北两极的轴。它总是倾斜的，与黄道平面成一个夹角，这个夹角为 66°34′。但地轴实际上并不存在，它只是人们为了方便描述地球自转而假设存在的。

地球绕着地轴旋转运动，叫作地球的自转。地轴的空间位置基本上是稳定的，它的北端始终指向北极星附近。地球自转的方向是自西向东的，从北极上空看，它是呈逆时针方向旋转的。天空中各种天体东升西落的现象也都是地球自转的反映。人们最早就是利用地球的自转来计算时间的。

地球之所以自转是由于地球在诞生时就具有的旋转能量转化成的动能。另外，由于阻止地球转动的力与地球的旋转能量相比起来太小了，因此过了 46 亿年，地球仍在不停地自转着。地球绕太阳公转一圈的时间是一年，而地球自转一圈的时间为 23 小时 56 分 4 秒，也就是一天。

北极

旋转的方向　　　　　地轴　南极

▲ 地球自转示意图

北极

北半球春天

地球公转轨道

北半球冬天　北极

赤道

南极

南半球秋天

南半球夏天

南极

6月21日(或6月22日),太阳直射在北回归线,这一天是北半球夏季的开始,也是南半球冬季的开始

太阳

12月22日(或12月23日),太阳射在南回归线上,这一天是南半球夏季的开始,也是北半球冬季的开始

北极

北半球夏天

北极

北半球秋天

南极

南半球冬天

南半球春天

南极

▲ 地球公转示意图

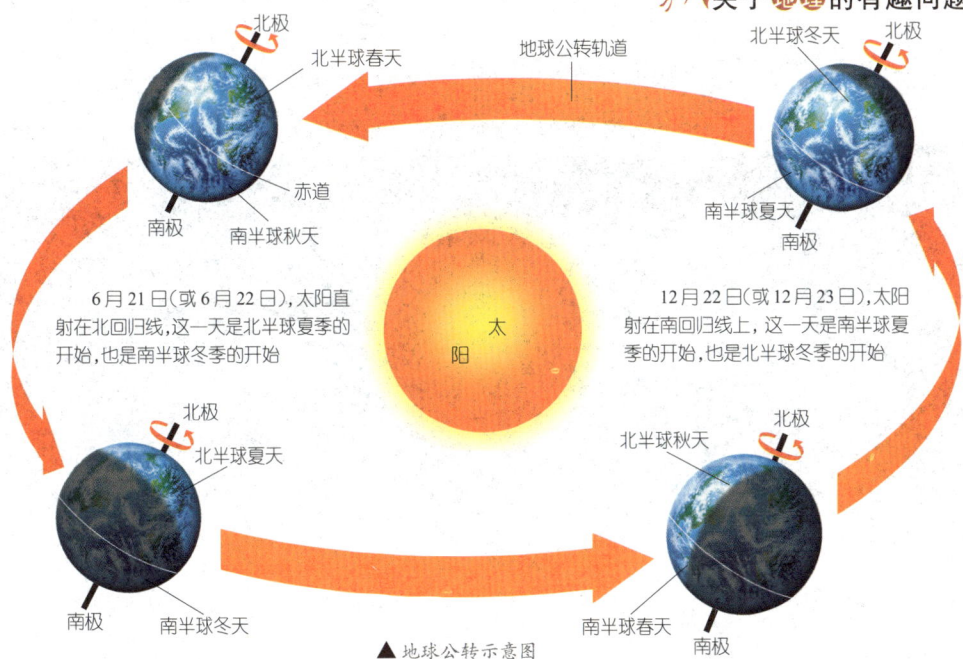

为什么地球会绕着太阳转？

我们知道地球每时每刻都在围绕着太阳旋转,既不会离太阳而去,也不会更靠近。因为太阳有着巨大的引力,使地球靠近自己;但同时,地球围着太阳做圆周运动时,又会产生一个远离太阳方向的离心力,这两种力相互牵制,达到一个相对的平衡,因此,地球便会不停地围着太阳运转。地球围绕太阳的这种运动叫作地球的公转。地球公转一周的距离大约为9.4亿千米,而公转一周的时间约为一年,也就是365天零6小时9分9秒。

关于太阳……

太阳是一个巨大炽热的气体星球,其体积大约是地球的130万倍。太阳是太阳系中唯一的恒星和会发光的天体,也是太阳系的中心天体,太阳系质量的99.86%都集中在太阳。太阳系中的八大行星、小行星、彗星以及星际尘埃等,都围绕着太阳运行(公转)。

▲ 在大海上航行的船只

12 为什么我们感觉不到地球在转动？

地球不但以每秒 30 千米的速度在自己的轨道上绕太阳公转，而且还以极快的速度在自转，在赤道上每秒钟的速度达 465 千米，这速度不知比汽车、轮船的速度快多少倍呢！既然地球转得这样快，可处在地球上的我们，为什么一点也感觉不到呢？

有这样两个事例：当你乘着一艘小船在江河里航行时，虽然速度不快，但你能看到两岸的树木、房屋等在向后移动，这时，你便知道小船在往前开；而当你乘上大轮船在茫茫的大海上航行时，周围水天一色，其他什么也看不见，所以虽然大轮船航行得很快，但感觉不到船在航行。地球就像在宇宙中航行的一艘大船，在运行的轨道周围找不到任何可以参照的东西，所以感觉不到地球自己在运行。我们和周围的一切东西，都被地球带着在自转，虽然速度很快，也感觉不到地球在转动，只有太阳、月亮和星星的升起落下，才能够证实地球在自转。

13 为什么地球会孕育出生命?

如今，我们地球上生活着数以万计千奇百怪的动物和五彩缤纷的植物，它们活力四射、欣欣向荣，让地球呈现出一派生机勃勃的景象。就目前所知，在浩瀚的太阳系中，只有地球上才有生命，而其他的星球则都是死气沉沉，没有生命。

不可思议

或许你还不知道，原始蟑螂在2亿多年前的恐龙时代就已经存活在地球上了，它出现的历史比人类还早。

生命的存在必须有充足的阳光、空气、水等营养物质，而地球与太阳的距离适中，适当的体积和质量能把大气、水分牢牢吸住，形成适合生命生存的生物圈。同时，大气层还能阻挡许多太阳光中的有害辐射，并能化解大多数陨石的侵袭，而其他星球不具备这些得天独厚的条件，因而只有我们的地球才能孕育出生命。

▼ 植物在土壤里发芽、生根，不断生长，直至成熟

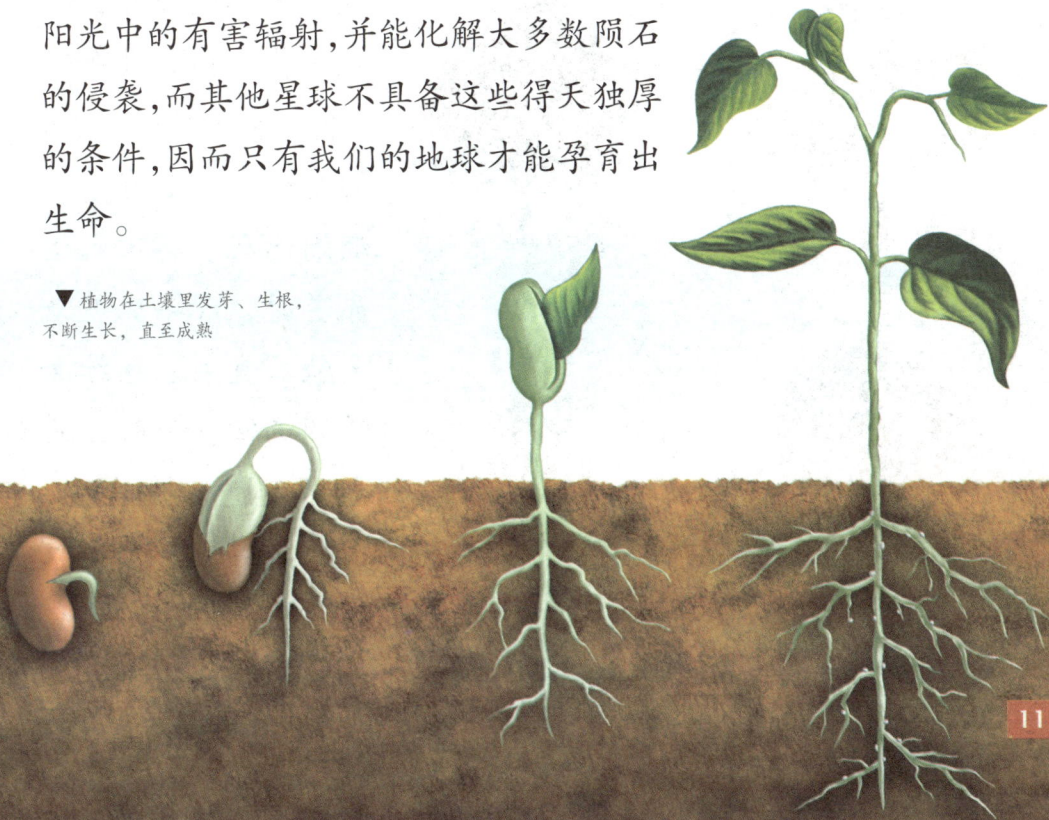

14 为什么地球自转的速度不均匀?

地球自转的速度并非一成不变,它一般随季节而变化,年与年之间的自转速度也有差异。引起地球自转速度发生变化的主要原因是海水水位的变化,而海水水位又与冰川融水量有关。冰川融水多,海平面上升,地球质量分布半径增大,转动的惯量也就增加,从而导致自转速度减慢。反之,自转速度也就会加快。

15 地球为什么会有四季变化?

地球在公转时地轴总是倾斜的,这就引起了太阳在地球表面的直射点在南、北回归线之间的移动。每年北半球的春天,太阳直射赤道。之后直射点渐渐北移到北回归线,北半球得到的太阳光热量多,且白昼变长,所以,北半球处于一年中温度最高的夏季。之后直射点渐渐南移,再次到达赤道时,北半球迎来金秋。直射点继续南移到南回归线时,北半球便进入了冬季,由于南半球与北半球的季节相反,因此南半球此时正是盛夏。

春

夏

秋

冬

▲一棵树在四季中的不同变化

16 地球上为什么会有黑夜白天？

太阳是太阳系的中心。它是一个非常巨大的火球，时刻不停地发出大量的光和热。由于地球是圆的，所以只能是一边有阳光，而另一边照不到。当我们居住的地方转到朝向太阳一面时，就是白天；转到背向太阳一面时，就是黑夜。由于地球总是朝着同一个方向转动，每24小时恰好转动一圈，白天和黑夜就会交替来到我们住的地方。

17 为什么说地球像一个"大磁铁"？

我们的地球就像是一个具有南极和北极的大磁铁。当地球旋转时，地核会产生很强的电流，因为电可以产生磁，所以会产生磁场。指南针就是受到了地球磁场的吸引才会一直指向南方的。地球的磁场遍布于地球内部、大气层以及地球周围的广大空间。因此说地球像个"大磁铁"。

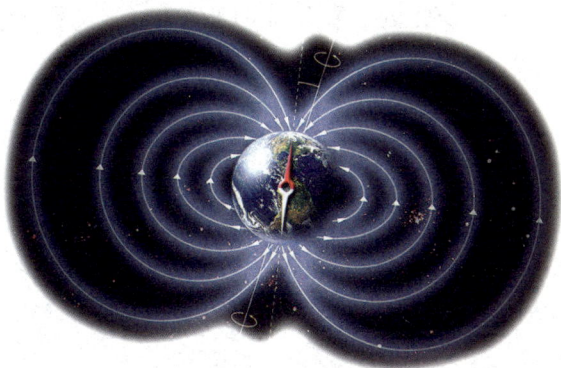

▲ 地球磁场

制作指南针

工具：一碗水、一块木头、一块条形磁铁、一个指南针。

方法：将磁铁放在木头上，然后放在水里，保证木块不碰到碗边；将指南针放在一个平坦的地方。等到木头静止不动后，会看到磁铁所指的方向和指南针所指的方向一致，即南北两极的方向。

18 为什么南北半球的季节大不相同？

　　当北半球的北京大雪纷飞时，南半球的澳大利亚却是烈日炎炎，酷暑难熬；当我国的华北平原忙于春耕播种时，澳大利亚却迎来了收获的季节。南北半球为什么季节正好相反呢？这与地球的公转有关，地球绕太阳公转时，地轴总是倾斜的，且倾斜的方向始终不变。这就引起了太阳在地球表面的直射点在南、北回归线之间移动。当太阳直射北回归线时，北半球得到的太阳光热量多，且白昼比黑夜长，所以，北半球气温处于一年中最高的时候，为夏季；这时南半球受到太阳斜射，光线透过大气层的路程较远，单位面积得到的太阳光热量少，且黑夜比白昼长得多，因此，处于一年中最冷的冬季。当太阳的直射点由北回归线向南回归线移动时，北半球获得太阳辐射热量逐渐减少，由夏季进入秋季，进而转入冬季；而南半球却正好相反，它获得的太阳辐射量却由少逐渐增多，由冬季进入春季，进而过渡到夏季。这就是南北半球季节相反的原因所在。

▼炎炎夏日，许多人喜欢到海边玩乐消暑

19 东西南北是怎样确定的?

地球上的方向是由地球的自转决定的。人们根据地球自转的方向来确定东、西方向:顺着地球自转的方向是东,逆着地球自转的方向是西。地球绕着地轴自转,地轴的两端叫两极。如果在地轴一端的上空看地球自转的方向,发现地球上逆时针旋转的一端就是北极,发现顺时针旋转的

关于指南针……

指南针是一种判别方位的简单仪器。指南针的前身是我国古代四大发明之一的司南,其主要组成部分是一根装在轴上可以自由转动的磁针,因为地磁场作用,磁针的北极指向地理的北极,南极指向地理南极,人们利用这一性能可以辨别方向。

一端则是南极。南极是最南的极点,而北极是最北的极点,地球上一切向着北极的方向为北方。有趣的是,如果你位于北极点上,那你的四面都是南方;与之相反,你身处南极时,那你的四面就都是北方了。

20 什么是经线和纬线？

经线
赤道
纬线

▲ 地球仪

在地球仪上，沿东西方向环绕地球仪一周的圆圈，叫作纬线。所有的纬线都相互平行，指示着东西方向。纬线圈的半径大小不等，从赤道向两极纬线圈逐渐缩小，到南、北两极缩小为点。纬度相应递增，赤道以北的纬线称为北纬，赤道以南的纬线称为南纬，南北纬各有90°。经线则是连接南北两极的、并同纬线垂直相交的线。因为每条经线的长度都相同，为了区别，人们给它标注了度数，这就是"经度"。国际上规定，将通过英国格林尼治天文台原址的那一条经线定为0°经线，由0°经线往东为东经，往西为西经，东西经各分180°。

21 什么是日界线？

日界线也叫国际日期变更线，大致位于180°经线处。它的设置是为了避免一个国家存在两种日期。但日界线并不完全与180°经线重合，它是一条折线，由北极沿180°经线折向白令海峡，绕过阿留申群岛西边、斐济、汤加等群岛之间，由新西兰东边再沿180°经线直到南极的一条线。在越过日界线时，日期要人为地随之变更。由东向西越过日界线，日期就增加一天，由西向东越过日界线，日期就减少一天。

22 什么是时区？

时区是地球上的区域使用同一个时间定义。地球总是自西向东自转的，因此东边见到太阳总是比西边早，东边的时间也快于西边，东边时刻与西边时刻的差值不仅要以时计，而且还要以分和秒来计算，这给人们的日常生活和工作都带来了许

关于北京时间……

中国人常将北京时间作为全国的标准时间，而实际上，北京时间并不是北京的地方时间，而是由位于中国版图几何中心位置陕西临潼和蒲城的国家授时中心提供的。

多的不便。为了克服时间上的混乱，1884 年在国际经度会议上将全球划分为了 24 个时区，每个时区横跨经度 15 度，时间正好是一小时。世界各个国家位于地球不同位置上，因此不同国家的日出、日落时间必定有所偏差。这些偏差就是所谓的时差。例如，我国东 8 区的时间总比泰国东 7 区的时间快 1 小时，而比日本东 9 区的时间慢 1 小时。

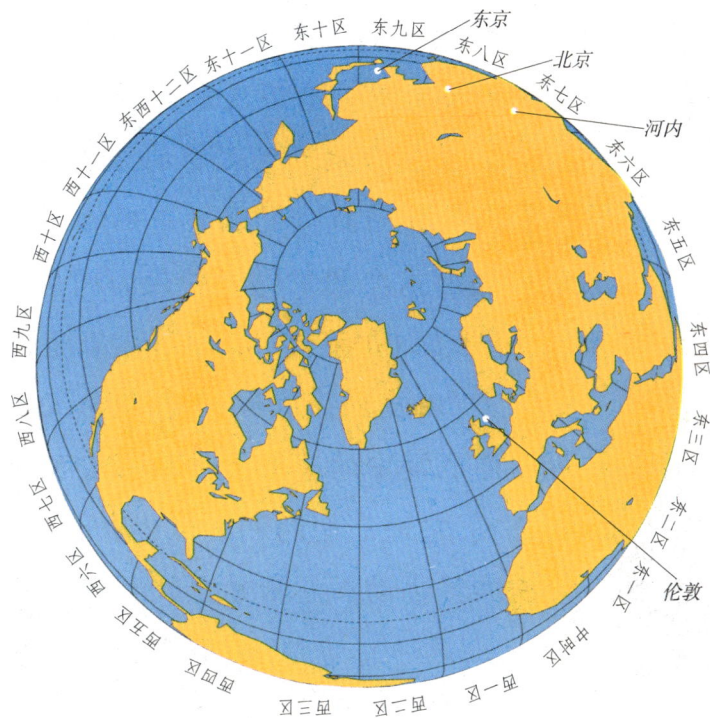

▲ 时区的划分

劳亚古陆和
冈瓦纳古陆

大约在 1.8 亿
年前，联合古陆开
始分裂

1.35 亿年前，
大西洋已经张开

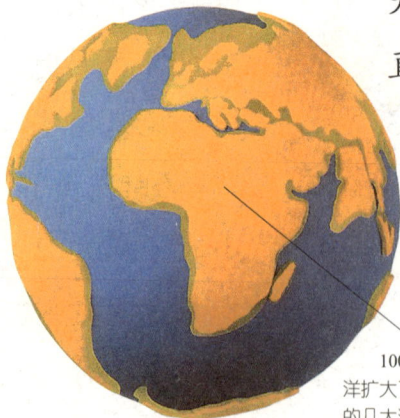

1000 万年前，大西
洋扩大了许多，地球上
的几大洲初步形成

▲ 大陆的漂移过程

23 大陆是漂移的吗？

"大陆漂移"学说是由德国气象学家魏格纳在 1912 年提出的。该理论认为，远古大陆是一整块，约 2 亿年前，大陆开始分裂，之后，随地球自转与天体引力开始漂移。在距今两三百万年前，这些漂移的大陆形成了今天世界的基本面貌。我们观察地图可以发现，大西洋东岸和西岸的地形犹如被分开的拼图般吻合，这就是"大陆漂移"学说的最直接证据。"大陆漂移"学说提出后，遭到很多人反对。尽管魏格纳从大陆地缘的吻合、大陆古生物的分布、岩石及地层分布和山脉与岛屿的起源找到了足够的证据，但是魏格纳学说最致命的弱点是不能解释大陆漂移所需要的足够大的动力问题。直到 20 世纪 60 年代，美国科学家海斯提出了"海底扩张"学说，他认为沉积物质是地幔中的岩浆，进而形成了新的海底，它逐渐向两侧扩张，从而驱使大陆漂移运动。海斯终于找到了大陆漂移的动力，从而使得"大陆漂移"学说得到世界的公认。

猜猜看：根据板块构造，地球是由几大板块构成的？

24 什么是板块构造?

地球的外壳并不是完整的一大块,而是由一块块的板块组成的。所谓板块指的是岩石圈板块,包括整个地壳和软流圈以上的地幔顶部。在众多的

▲ 六大板块漂移的方向示意图

板块中,有的板块完全由海洋组成,有的板块是由海洋和大陆共同组成的。板块之间会发生相对运动。两个板块互相挤压,就会在相交边缘产生高山。而如果两个板块间互相离散,就会形成海峡和海沟等。因此板块并不是固定不变的,随着地球的演变,两个老的板块可能会拼合成一块,一个板块也可能分裂为两个或两个以上新的板块。

不可思议

地球上99%的金都在地核里,如果将这些金全部覆盖在地球表面,那将等于给地球铺设一层约45厘米的金地板。

25 为什么会有火山喷发？

火山喷发是地壳内的岩浆冲出地面的一种自然现象。地球内部的温度很高，岩石以液体的形式存在，称为岩浆。平时，地下的压力很大，岩浆被地壳紧紧包住，冲出地面并不容易，只能在地下流动。但在地壳结合较脆弱的地方，地下的压力比周围小一些，这些地方的岩浆中的气体和水就有可能分离，加强岩浆的活动力，推动岩浆冲出地面。岩浆冲出地面时，岩浆中的气体和水蒸气迅速分离出来，体积急剧膨胀，火山喷发就这样形成了。

26 火山分为哪几种类型？

世界上的火山总体可分为三类：死火山、休眠火山和活火山。死火山是史前曾经喷发过，之后再无喷发记载的火山，比如非洲的乞力马扎罗山；休眠火山是有史以来曾经喷发过，但此后长期处于相对静止状态的火山，如中国的五大连池火山群；活火山则是指正在喷发过程中的或在人类历史上周期性喷发的火山，比如日本的富士山、意大利的维苏威火山等都是比较活跃的活火山。

▼日本的富士山

27 火山只喷火吗?

火山喷发时,往往会喷出冲天而起的火山灰、火山砾,随即炽热的岩浆涌流而出。然而,在冰天雪地的北极地区,火山爆发时喷出的是大量的冰块。因为在北极地区,覆盖于火山顶上的是很厚的冰层,冰层下的火山一旦苏醒,就会以强大的力量掀开冰盖,将大量冰块喷发出来,形成奇特的喷冰现象。

▲ 正在喷发的火山

28 只有陆地上才有火山口吗?

我们通常见到的火山都在陆地上,但并不只是陆地上有火山,大海里也有火山。火山存在的主要原因是地壳下有活动的岩浆,岩浆喷涌而出形成火山喷发。而海底下面也有大量的岩浆,并且与陆地比起来,海底的地壳要薄一些,岩浆更容易喷出来形成火山。海底的火山喷发还会形成火山岛,比如位于太平洋的夏威夷火山群岛、中国的钓鱼岛等都是由于火山喷发而形成的。

不可思议
虽然我们在陆地上也能看到火山喷发,但陆地的火山喷发非常有限,地球上 90% 的火山喷发发生在海洋里。

29 为什么日本列岛和夏威夷分布着大量的火山?

日本和夏威夷都位于太平洋上。太平洋板块的地壳很薄,很多地方还不到10千米,这样涌动的地下岩浆很容易冲出地表,因而太平洋地区就成了火山集中的地带,地理上将其称之为"沿太平洋火山地震带"。其中,日本恰好位于太平洋板块与亚欧大陆板块的交界处,地壳十分脆弱,因而成为世界上火山活动最频繁、最激烈的地区之一。而夏威夷群岛则位于太平洋的中心,是一个海底地壳极不稳定的地区,所以这里也形成了众多的火山。

关于地球仪……
为了便于认识地球,人们按照地球的形状,按照一定的比例缩小,制作了地球的模型——地球仪。在地球仪上,我们能够看到七大洲和四大洋的位置关系与所处的纬度带,以及各地区的大致位置。

▼火山喷发产生的气体和岩浆

30 为什么说火山喷发会影响气候?

当大量火山灰和火山气体被喷到高空中去,天空中充满了火山灰,就十分容易形成云、雨。天空中云多了、水滴多了,显然就减弱了太阳辐射的热量。所以在火山爆发的1~2年中,地球上一些地区的气候也会出现偏冷,尤其是在夏季特别明显。

31 为什么火山喷出的气体能杀人？

　　火山喷出的气体曾经发生过使许多人死亡的事件。这是因为火山喷出的气体里含有氰化氢及其衍生剧毒物。人一旦嗅入微量氰化氢，就会造成呼吸神经麻痹，全身乏力，乃至窒息而死。

▲ 冰岛丰富的地热资源

32 火山喷发也能造福人类吗?

　　火山喷发虽然给人类带来灾难,但是也会给人类带来丰富的火山资源,包括肥沃的土壤、巨大的热能和各种矿石,以及美丽的风景等。火山灰可以提供肥沃的土壤,利于农作物成长。在欧洲的意大利境内分布着众多的火山,在火山灰肥沃土壤的滋润下,这里出产的葡萄、油橄榄和柑橘驰名世界。

　　火山还可以提供一种清洁的能源——地热,不少国家在火山地区利用地热来发电和其他用途,冰岛就是突出的一例,在这里火山很多,其地热能在其能源利用中约占20%,目前冰岛人口的70%利用地热采暖。

　　此外,火山爆发时把地下蕴藏的矿产带到了地表,形成矿床,为开采提供了便利。在日本富士山附近,人们把富含硫的火山蒸汽导入封闭的器皿中,待冷却后,便能得到硫结晶。实际上,在很多火山口附近都能看到新鲜硫磺矿的形成。金刚石的形成也与火山有关。经过多年的挖掘,人们逐渐弄清楚,出产金刚石的地方,通常是几千万年前古老的火山颈。在近代活火山中,喷出的岩浆大多数是玄武岩,玄武岩是良好的建筑和桥梁的基础材料。

　　火山地区景象奇特,常常成为旅游胜地。如中国黑龙江省的五大连池火山群被称为"天然火山博物馆",云南省的腾冲火山群也是著名的旅游胜地。

猜猜看:石猴出世(打一自然灾害)

33 为什么会发生地震？

地震是一种经常发生的破坏性巨大的自然灾难，常发生在地壳板块边缘容易产生断层的地方。由于地壳物质的不断运动，板块之间产生相对运动，或相互倾轧，或相向而行。当大板块相撞时，岩石层受到内应力的作用，产生巨大的能量。当能量一旦超过岩石所能承受的最大极限时，就会使岩石在一刹那间断裂，或者使原来已经存在的断裂突然活动，释放出大量的能量。一部分能量传到地表，就形成了地震。

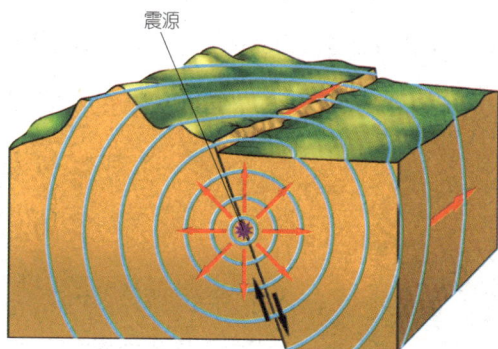

震源

不可思议

地球上天天都在发生地震，一年约有500万次地震发生，只不过绝大多数地震非常微弱，我们根本感觉不到。

▼地震造成的灾难

34 什么是地震震级?

地震的大小是有等级的，人们将这种等级叫作地震震级。我国使用的震级标准是国际通用震级标准，被称为"里氏震级"。3级以下的地震为微震，人类感觉不到；3~5级的地震是弱震，造成的危害较小；5~7级的地震是强震，破坏较大；7级以上的大地震具有极大的破坏力，可以使房屋倒塌，给人类带来巨大的灾难。如发生在我国汶川的8级地震，造成大量人员伤亡，公路塌方、房屋坍塌，严重破坏了当地人民的生产生活。

35 地震都有哪些类型?

根据地震的不同成因，可分为四种类型：构造地震、火山地震、塌陷地震、诱发地震。构造地震是地壳和地幔上部的岩石发生断裂所引起的，它是最常见、危害最大的地震，约占地震总量的90%。火山地震是火山爆发时产生的巨大冲击力造成岩层断裂或断层错动而引起的。塌陷地震是岩石顶部和土层崩塌陷落而引起的。诱发地震也称人工地震，是由人类活动引起的，如爆破、打桩、地下核试验等都会引发人工地震。

关于日本……

日本处于亚欧板块和太平洋板块的交接处的地震带上，因此地震十分频繁，每年地震平均多达1500次以上，日平均地震发生率在4次以上。

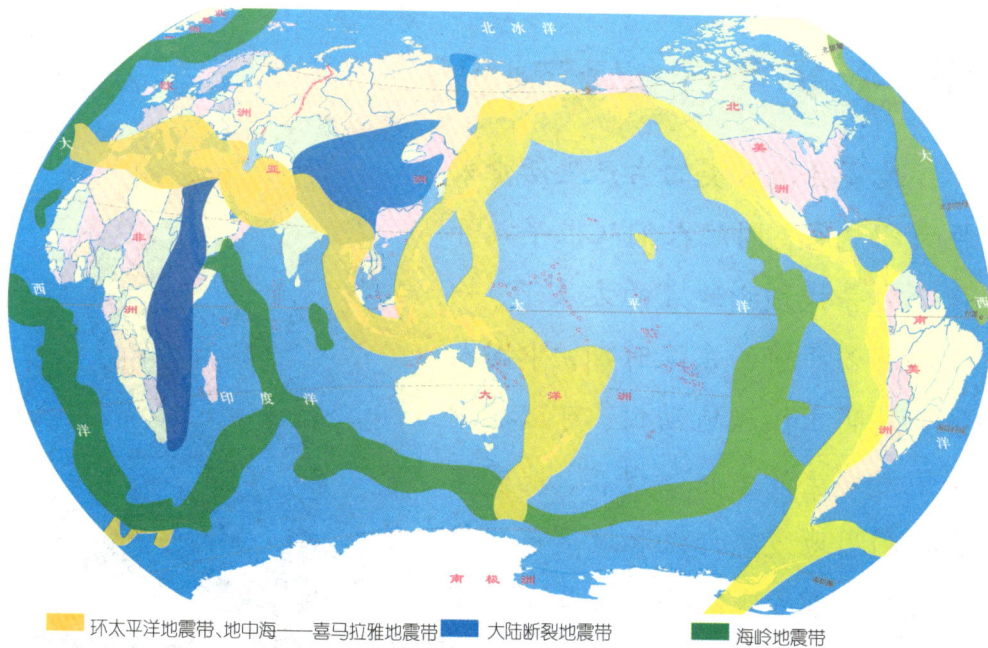

■ 环太平洋地震带、地中海——喜马拉雅地震带　■ 大陆断裂地震带　■ 海岭地震带

▲ 世界大板块和地震带分布图

36 地球有几大地震带？

地球上有三大地震带，即环太平洋地震带、欧亚地震带和海岭地震带。环太平洋地震带在太平洋周围，是全球地震最为多发的地带，地球上约有80%的地震都发生在这里；欧亚地震带跨越欧、亚、非三大洲，占全球地震发生总数的15%；海岭地震带主要分布在大洋的海底山脉，是世界上发生频率最小的地震带。

37 海底也发生地震吗？

深海的海底也经常发生地震，据统计，80%的地震都集中在幽深的海底，特别是在太平洋周围海洋平均深度4000米以上的，终年暗无天日的海沟里以及它附近与群岛区的深渊中特别常见。

38 地震可以预测吗?

地震会给人类的生产生活带来巨大的危害,因此人们从很早就开始努力寻找预测地震的方法了,一千八百多年前的东汉时期,中国人张衡发明出候风地动仪,可以探测出地震发生的方位。现在,地震学家们利用地震统计法和地震前兆法来预测地震。地震统计法是从地震发生的记录中去探索可能存在的统计规律,估计地震的危险性,求出发生某种强度地震的概率。地震前兆法则是根据地震前兆现象预测未来地震的时间、地点与强度的方法。但这两种预测方法还不是十分准确,科学家们正在努力寻找新的方法,希望有一天,人类可以像预报天气那样准确地预测地震。

▲ 张衡和他发明的候风地动仪

猜猜看:世界上最早监测地震发生的仪器是什么,是谁发明的?

39 为什么会发生海啸？

茫茫的大海深不可测，有时风平浪静，有时却波涛汹涌，巨浪滔天，一个高达数千米的巨浪冲上海岸，常会将海岸上的所有东西都卷入海中。这种海上常发生的具有强大破坏力的海浪现象被称为海啸。海啸是由海底地震引起的，地震发生后，海底的地壳发生断裂，有的地方下陷，有的地方上升，从而引起剧烈的震动，并激起巨浪。巨浪以非常快的速度穿越海洋，当它逼近海岸线时，由于海底陡然隆起，波底遇到阻碍，巨浪被迫停下来，浪峰像高耸的水壁那样以雷霆万钧之势冲上陆地。强劲的海浪猛烈地拍击海堤，淹没海岸，从而形成海啸。海底地震是引发海啸的最主要原因，历史上特大海啸基本上都是海底地震引起的。不过，海底地震未必一定就会引发大海啸。据统计材料显示，在 1.5 万次海底构造地震中，大约只有 100 次能够引发海啸。

关于海啸……
　2004 年 12 月发生的印度洋海啸，造成了近百年来死伤最惨重的海啸灾难，这次海啸发生在印度洋，因此给印度洋周围的岛屿造成了巨大的伤亡。

▼海啸

平移断层

正断层

逆断层

▲ 断层的产生示意图

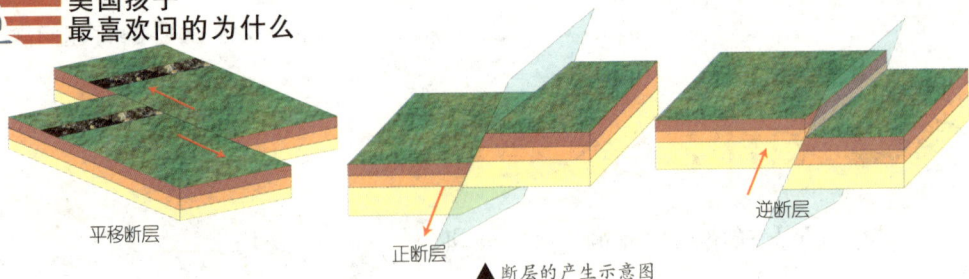

40 断层是怎么形成的？

断层是地壳运动产生的强大压力和张力超过了岩层本身的强度，使岩层发生断裂而形成的。岩层断裂错开的面，称断层面。两个断层中间的岩块相对上升、两侧岩块相对下降时，相对上升的岩块就叫作地垒。地垒常常形成块状山地，如中国的庐山、泰山等。而两个断层中间的岩块相对下降、两侧岩块相对上升时，中间的岩块则叫地堑，即狭长的凹陷地带，如东非大裂谷。

41 什么是褶皱？

当板块堆积在一起时，彼此之间会互相挤压，岩层受到这个力的影响，就会发生一系列波浪状的弯曲变形，这种变形现象被称为褶皱。褶皱通常出现在两个构造板块一起运动时造成岩层受到水平方向的挤

制作褶皱山

工具：一块旧毛巾

方法：将毛巾折成长条状放在桌子上，然后将双手放到毛巾的两端，慢慢地向中间收拢，直到看到毛巾中间隆起。这时，隆起的毛巾就是一个你制作的褶皱山了。

压而产生弯曲的地方。褶皱的弯曲程度可以是平缓的，也可以是剧烈的，这和它受挤压的程度有关。褶皱地形十分常见，喜马拉雅山脉、安第斯山脉、落基山脉等都是由于褶皱而造成的。

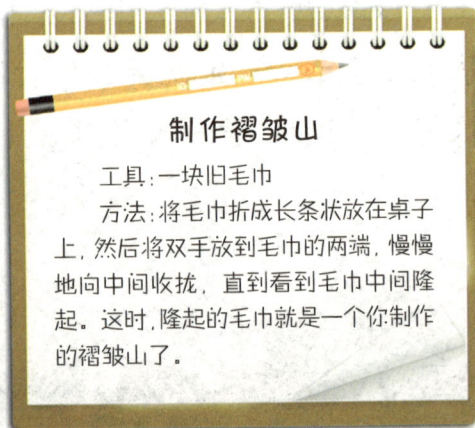

42 山崩是怎么一回事?

　　山崩是山间岩石、土壤快速瞬间滑落的现象。在一些地区,人们形象地称它为"山剥皮"。山崩发生时,顺着山坡滚落的大量沙土和石块,会破坏农田、房屋等,给人们的生命财产造成严重的损害。山崩通常发生在坡度较陡的山区。强烈地震也会引发山崩,通常其规模较大,范围较广。此外,人们的一些生产活动,比如肆意砍伐和破坏植被,开山、山坡下面开挖隧道、采矿等也会引起山崩。

▼ 山崩

43 大气层是怎么形成的?

当地球刚由星际物质凝聚成疏松的一团时,大气不单铺在地球表面,而且还渗透到地球里面。后来,由于地心引力的作用使地球收缩变小,地球里面的空气受到压缩,使地球的温度猛烈升高,地壳凝固了起来,一部分被挤出地壳的空气,又被地心引力拉住,形成了很薄的大气层。再后来,由于地壳运动、大气中水蒸气的分解与结合,加上地球上动植物的增多,动植物新陈代谢所产生的气体,便渐渐形成了现在的大气层。

外逸层

暖层

中间层

平流层

对流层

▲ 大气的组成示意图

44 大气层都有哪几部分?

根据温度、高度的变化,大气层从下到上分为对流层、平流层、中间层、暖层和外逸层。其中,最冷的一层是中间层,这一层中几乎没有臭氧,也吸收不到太阳带来的热量,因而这一层的气温会随着高度的增加而迅速降低。与中间层相对的是高温的暖层,这一层位于最突出的特征是在太阳照射时,会吸收大量的紫外线,因而该层的温度会随着高度的增加而升高。

▲ 闪电

45 为什么对流层与人类生活息息相关？

对流层在大气层最靠下的一层，虽然只有 8~17 千米厚，却集中了 90% 以上的水汽，风、雨、雷、电等大气现象都发生在这一层。对流层也是大气层中最活跃的一层，暖的地方空气会上升，冷的地方空气会下降，冷暖空气会形成对流，这也是人们叫它对流层的原因。

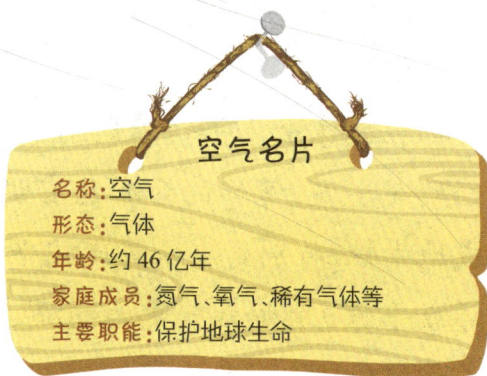

空气名片

名称：空气
形态：气体
年龄：约 46 亿年
家庭成员：氮气、氧气、稀有气体等
主要职能：保护地球生命

46 为什么离地面越高，空气越稀薄？

空气由许多气体分子组成，它也受到地心引力的作用。由于空气是可以压缩的气体，上层的空气压在下层的上面，下层空气的密度就被压得变大了；离地面越高的地方，受到更上层的空气压缩的力量越小，所以密度也是越向上越小。而密度的大小，就是指空气浓密或稀薄的一种叫法，所以说离地面越高，空气就越稀薄。

47 臭氧层有什么作用?

臭氧层位于距地面 20~50 千米的大气层中。常温下,臭氧是一种有特殊臭味的蓝色气体。虽然臭氧仅有 3 厘米厚,但就是这薄薄的一层臭氧,却保护着地球。臭氧层能吸收太阳射向地球 90% 的紫外线,就像是地球的遮阳伞一样,保护着地球和地球上的生物免受伤害。

关于空气污染……
目前,造成空气污染的有害气体主要是二氧化硫和一氧化碳。二氧化硫是煤、石油在燃烧中产生的。一氧化碳主要是汽车开动时排出的。

48 地球上为什么会有气候带?

在地球上几乎找不到两个气候相同的地方。经研究发现,气候的分布具有明显的规律性或地带性,特别是在地势比较平坦的海洋或平原,地带性就更为明显。据此,人们将地球大致划分为热带、温带和寒带。由于南北半球各有一个温带和寒带,所以地球上共有 5 个气候带。太阳辐射是气候带形成的基本因素。太阳辐射在地表的分布,主要决定于太阳高度角。太阳高度角随纬度增高而递减,不仅影响温度分布,还影响气压、风系、降水和蒸发,使地球气候呈现出按纬度分布的地带性。

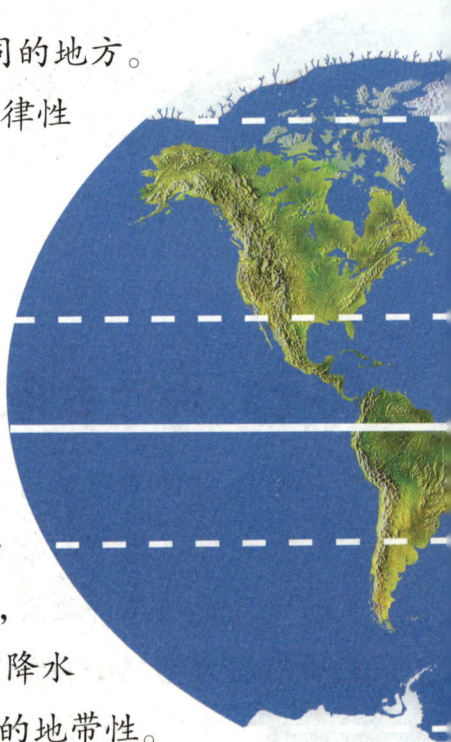

猜猜看:大气层中哪一层的大气比较平稳,适合飞机飞行?

49 热带雨林气候有什么特点?

热带雨林气候是赤道南北常年高温、潮湿和多雨的气候,主要分布在南美洲亚马孙河流域、非洲刚果河流域及亚洲和大洋洲从苏门答腊岛至新几内亚岛一带。热带雨林气候常年高温,气温变化小,这里一年内各月的平均气温在24~28℃之间,最冷月平均气温也不低于18℃,绝对最高气温很少超过35℃。热带雨林气候全年多雨,相对湿度大,年降水量一般为1500~3000毫米。在赤道气团控制之下,全年都是夏天。

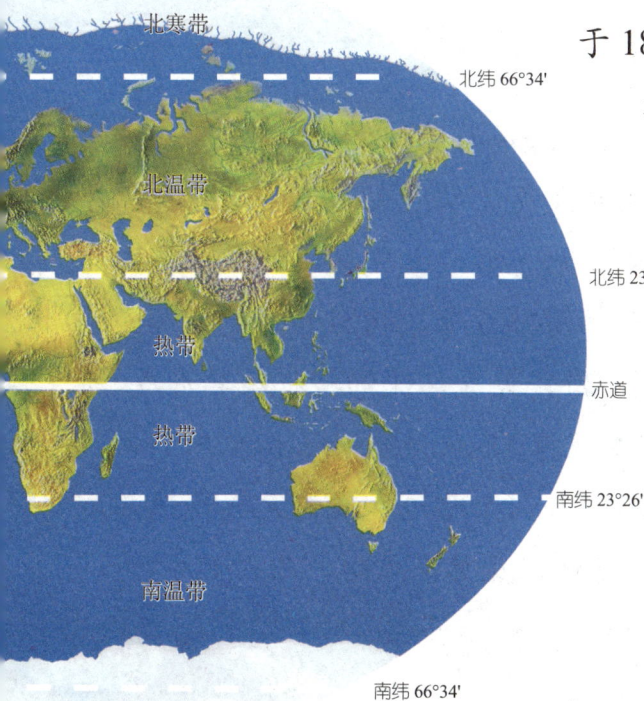

北寒带

北纬66°34'

北温带

北纬23°26'

热带

赤道

热带

南纬23°26'

南温带

南纬66°34'

南寒带

▲地球上的气候带划分示意图

50 什么是热带季风气候?

热带季风气候位于热带地区,那里全年长夏无冬,年平均气温在 20℃以上。热带季风气候区由于有高大山地阻挡冷空气,因而冬季气温相对较高。在热带季风气候区,盛行风的风向一年会转换两次,形成气候迥异的雨季和旱季。雨季时,季风从海洋吹向大陆,带来猛烈的降雨;旱季时,干燥的季风从大陆吹向海洋,气候干燥异常。

关于梅雨······

在中国长江下游、台湾等地区,每年6月中旬到7月上半月之间常会出现持续时间较长的阴雨天气。此时,由于天气潮湿,器物成灰发霉,因此称"霉雨";因为正值江南梅子成熟季节,所以也称"梅雨"或"黄梅雨"。

51 什么是大气环流?

在地球的高纬与低纬之间、海洋与陆地之间,由于冷热不均会出现气压差异,这就会促使大气运动。大气环流是具有世界规模的、大范围的大气运动现象。形成大气环流的主要原因有太阳辐射、地球自转、地球表面海陆分布不均匀和大气内部南北之间热量、动量的相互交换。研究大气环流的特征及其形成、维持、变化和作用,掌握其演变规律,不仅是人类认识自然的不可少的重要组成部分,而且还将有利于改进和提高天气预报的准确率,有利于探索全球气候变化以及更有效地利用气候资源。

52 气团是怎么一回事?

　　大规模的空气团块叫作气团,广阔的海洋、冰雪覆盖的大陆、一望无际的沙漠等,都可以形成气团。每一种气团都会带来一种特定的天气。当气团的温度比流经的地区低,或者两个气团相遇时,温度较低的气团叫作冷气团。冷气团会使所到之处的温度降低,夏季时,若冷气团中水汽含量多,常形成积云和积雨云,产生雷阵雨天气。冬、春两季,由于冷气团中湿度较小,常是干冷天气。当气团温度高于流经地区,或两个气团相遇时,温度较高的气团叫暖气团。暖气团会使所到的地区变暖。如果暖气团中水汽含量多,常形成层云、层积云,并下毛毛雨,有时会出现平流雾。如果暖气团中水汽含量较少,天气就较好。

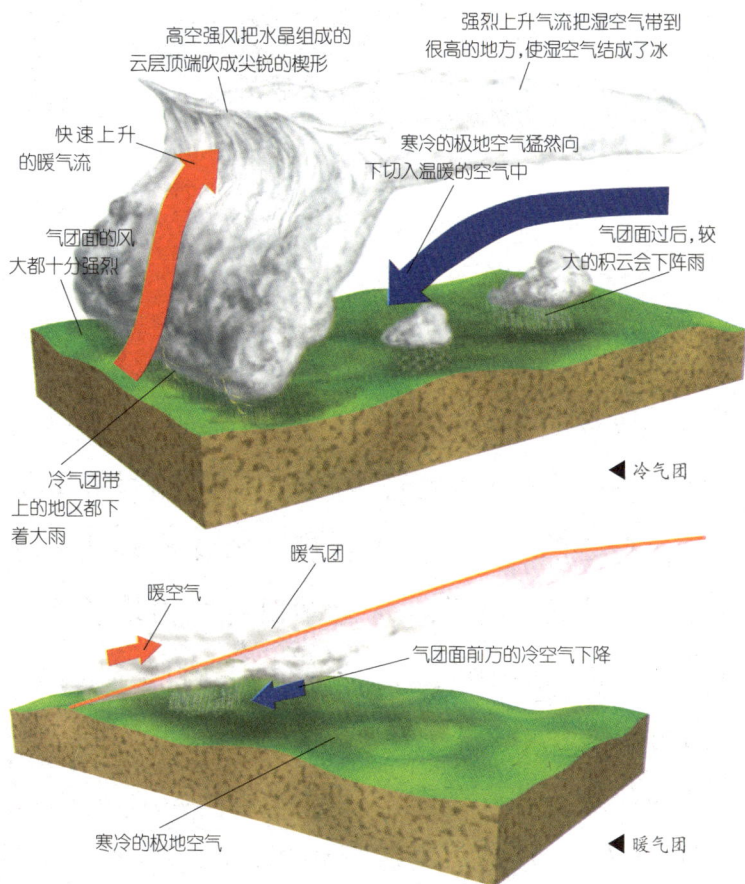

高空强风把水晶组成的云层顶端吹成尖锐的楔形

强烈上升气流把湿空气带到很高的地方,使湿空气结成了冰

快速上升的暖气流

寒冷的极地空气猛然向下切入温暖的空气中

气团面的风大都十分强烈

气团面过后,较大的积云会下阵雨

冷气团带上的地区都下着大雨

◀ 冷气团

暖气团

暖空气

气团面前方的冷空气下降

寒冷的极地空气

◀ 暖气团

53 什么是季风？

季风是一种在大陆和海洋之间大范围、风向随季节有规律改变的风。一年中，大约有 6 个月的时间向一个方向吹，在另 6 个月朝着相反的方向吹。季风活动范围很广，它影响着地球上 1/4 的面积和 1/2 人口的生活。南亚、东亚、非洲中部、北美东南部、南美巴西东部和澳大利亚北部，都是季风活动明显的地区，尤以印度季风和东亚季风最为显著。

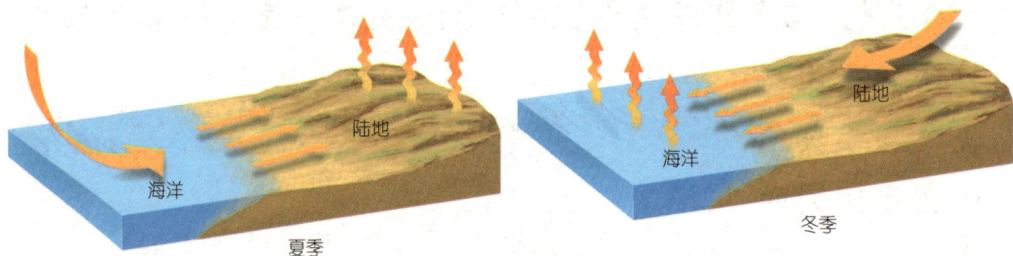

▲ 季风的产生示意图

54 地形对气候有什么影响？

地形对气候具有很大的影响。我们知道，随着海拔的升高，气温会逐渐降低，在标准大气压下，地势平均每上升 1000 米，气温就会下降 6℃。青藏高原就因其地势高而成为我国夏季气温最低的地区，吐鲁番盆地却因是我国地势最低地区而成为我国夏季气温最高的地区。地形还会对降雨量有重要的影响，这是因为暖气流在行进中如果受到山地的阻挡，会被迫抬升，遇冷凝结并降水，因而在山地迎风坡会形成地形雨，降水量大，植被茂盛，而在山地背风坡则形成雨影区，降水量少，植被稀疏。

55 地球上最热的地方是哪里？

虽然太阳光全年直射的赤道，但地球上最热的地方却不是赤道，而是非洲北部的撒哈拉大沙漠。这是因为赤道上大部分地方为海洋，又常常下雨，因而起到了降温的作用。而沙漠则很少下雨，年降水量仅50毫米，在阳光照射下温度会直线上升。撒哈拉沙漠

关于撒哈拉沙漠……
非洲北部的撒哈拉沙漠是世界第一大沙漠。撒哈拉沙漠属于典型的沙漠气候，终年炎热干燥，常年少雨或者几乎无雨，植物难以生存，植物种类和数量极其稀少，因而这里被认为是地球上最不适合生物生存的地方之一。

大部分时间光照充足，因此年平均气温在25℃以上，7月的平均气温在35~37℃之间，更令人吃惊的是，在撒哈拉大沙漠腹地，白天的温度竟然可以达到70℃以上。因此它可以说是当之无愧的"世界热极"。

▼ 穿越撒哈拉沙漠的驼队

▲ 南极

56 为什么南极比北极冷?

南极与北极位于地球的两端，由于太阳光线是斜射向两极的，因此两极获得的热量是最少的。但为什么南极比北极更冷?

关于极地……
极地地区常年被冰雪覆盖，气温非常低，以至几乎没有植物生长。极地冬天几乎看不到太阳，而夏天时就算到了午夜，太阳则还是在地平线上，不会下山。

这是因为北冰洋占去了北极地区绝大部分面积，海洋的热容量大，能够吸收较多的热量再慢慢地发散出去，因而温度不会降得太低。而南极地区是一块大陆，储存热量的能力较弱，所以就比北极寒冷。此外，由于南极洲是七大洲中海拔最高的，因此南极就会比北极冷得多了。

57 为什么要在南极建立气象站?

南极是地球的冷源，直接影响着全球的大气环流和气候的变化。在南极建气象站，可取得观测资料，为预报天气提供有益的信息，也为其他方面的研究提供重要的依据。

58 为什么天空是蓝色的?

当太阳光穿越地球大气层时,空气分子对光线有散射作用。空气分子的大小比可见光波长小,它对波长较短的光线散射作用比较强烈,对波长较长的光线散射作用很小。蓝光的波长较短,空气分子对蓝光的散射要比对其他光线的散射强得多。由于空气分子对蓝光的散射作用大,所以当我们仰望天空的时候,看到的就是蓝色的了。

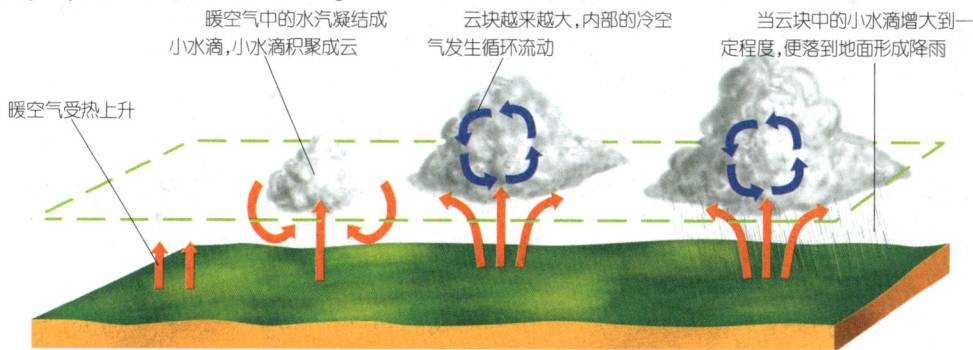

暖空气中的水汽凝结成小水滴,小水滴积聚成云

云块越来越大,内部的冷空气发生循环流动

当云块中的小水滴增大到一定程度,便落到地面形成降雨

暖空气受热上升

▲ 云的形成示意图

59 云是怎样形成的?

云是空中水汽凝结或凝华后形成的大量小水滴。云形成的原因很多,最主要的原因是潮湿空气的上升。空气在受热上升过程中,外界气压会随着高度增加而降低并渐渐膨胀。空气在膨胀过程中要消耗自身的热量,于是边上升,边降温。当温度降到一定限度时,就会有一部分水汽以空中的微尘为核,凝结成为小水滴。这些小水滴在云体中被称为云滴,许许多多的云滴聚集在一起,就会形成我们所看到的云了。当空气中的水汽含量越来越多,云层就会越来越厚,当大气运动时,云会飘来飘去,所以我们看到的云也总是在动的。

60 为什么天上的云不会掉下来?

　　天上的云有时会乌云密布,但为什么不会掉下来? 人们经过研究,得出答案,具体地说,空中的云是地面水蒸气凝结而成的。当地面上的水分大量蒸发后,成为水蒸气。水蒸气到高空遇冷而在凝结核周围形成小水滴或小冰晶。众多的小水滴或小冰晶聚集起来,总想下落。但由于自身体积太小,重力较轻,抵抗不住上升的强大气流的顶托,于是就悬浮在空中。而上升气流的形成有三个方面的原因,一是因为地面强烈受热,引起地面空气受热膨胀上升,形成上升气流。第二种是动力抬升。气流在前进途中,遇到地形阻挡,在迎风坡爬升而形成上升气流。三是冷空气与暖空气在前进途中相遇,冷空气密度大、暖空气密度小,暖空气被冷空气挤向上方,形成上升气流。因此,在不同地区会有不同的上升气流顶托住云朵,不让它落下来。

关于云……
　　云分为三类:积云、层云和卷云.洁白、光亮,一丝一缕的叫"卷云";均匀笼罩大地不见边缘的叫"层云";一堆堆、一团团拼缀而成,并向上发展的叫"积云"。

▲ 天空的云

61 为什么云有各种颜色?

我们平时见到的太阳光,是由红、橙、黄、绿、靛、蓝、紫这7种单色光构成的。七色光的波长不同,红光波长最长,紫光波长最短。天空云量的多少对各种色光的反射、散射和吸收不同,因而形成了多彩的云朵。

在日落前的西方或早晨的东方,我们常会看到绚丽多彩的云朵。红色云彩的出现是因为太阳斜射到大块云朵上面时,有一部分光线会投射过来,当遇到空气中较多的水汽和尘埃时,由于紫光、蓝光和绿光等波长较短,因而被散射掉了;而红光、橙光等波长较长,不易被散射,因此,天空只有红色的云朵。有时,天空会出现灰色的云层。这是由于云中含有大量尘埃、水滴等物质,各色波长的光同时被反射,因而反射光呈白光,这时,当云中的尘埃过多时,天空就变成了灰色。

卷云

卷积云

卷层云

高层云

积雨云

积云

层积云

雨层云

▲ 各种云层

62 什么是积雨云?

积雨云又称"雷雨云",云体浓而厚,且十分庞大,如同高耸的山峰。积雨云的轮廓很模糊,有纤维结构,云顶由冰晶组成,呈白色而且有光泽,底部却十分阴暗,起伏明显,呈黑色。积雨云又可以分成两类,即秃积雨云和鬃积雨云。秃积雨云云顶开始冻结,圆弧形重叠,轮廓模糊,但是没有向外展开;鬃积雨云云顶有白色丝状纤维结构,并扩展成为马鬃状或铁砧状,云底呈现阴暗混乱的样子。积雨云会带来强烈的阵雨,并伴有雷电和大风。

63 为什么能看云知天气?

天空出现薄云,往往是天气晴朗的象征;而那些低而厚密的云层,则常常是阴雨风暴的预兆,有经验的人常能根据这类云彩的变化判断天气,虽然不是非常准确,却在民间流传甚广。这些说法都是人们通过观察云的形状来预测天气的。这些说法虽然只是人们生活经验的总结,但也有一定科学依据的。因为云的形成过程、组成和性质不同,它的形状也就会千差万别,所以当你熟悉了云的形状、性质,掌握了云和天气的关系后,就可以通过观察云来预测天气了,所以说,看云识天气是可以的。

64 为什么雨滴常常斜着落下？

在一定条件下，云中的云滴会渐渐增大，直到上升的气流托不动它时，它就会落下来，形成雨滴。大量的雨滴从空中落下来，就形成了雨。仔细观察就会发现，下雨时，雨滴并不是从天上笔直地降落，而是斜着落下的。这是因为惯性的缘故，天上的云是在不停地运动着的，就像跳伞运动员从空中跳伞一样，由于惯性的作用，后落下的雨滴总比前面的雨滴要在云里多运动一段距离，再加上被风一吹，雨滴也就斜着落下来了。

关于气象卫星……

气象卫星是人类从太空对地球及其大气层进行气象观测的人造地球卫星。它的主要作用就是对地表和云层进行观测，使人们能准确地了解连续的、全球范围内的大气运动规律，从而做出精确的气象预报。

▼ 下雨

65 为什么雨滴有大有小？

下雨时，雨滴会接连不断地落下来，我们看到落在地面上的雨都是一样的，实际上，这些雨滴并不完全相同，而是有大有小的。雨滴的大小跟云层里面水汽的含量有着密切的关系。如果云层很薄，云里的水汽不多，雨滴就会很小，这时候下的只能是毛毛细雨，掉在地上会发出"沙沙"的细响。如果云层比较厚，云里的水汽就会相应增多，水滴就会相互碰撞，合并成较大的雨滴，这时候下的雨就比较大，甚至把弱小的植物都打得低下头去。

66 雨水为什么不能喝？

空气中含有许多有害气体和粉尘，这些杂质混合在空气中。在雨滴凝结和降落过程中，大气层中的有害气体和粉尘就会黏附、溶解在雨滴中，和雨滴一起降落到地面上。雨水就像清洁工一样，把大气层中的脏东西打扫得干干净净，所以雨后的空气非常清新，天空格外蓝。但是雨水也因此裹挟了很多有害气体和灰尘，所以不能喝。

▲ 两个孩子在雨中嬉戏

▲ 雷阵雨

67 什么是雷阵雨?

雷阵雨是夏季常发生的一种天气现象。雷阵雨来临时,常常会伴有大规模的云层运动,比阵雨要剧烈,还会有电闪雷鸣的现象。那雷阵雨是怎样产生的呢? 夏天的天气十分闷热,在局部地区会出现强烈的空气对流,使大量的湿热空气猛烈上升,形成积雨云。这种云的体积比较小,下的雨时大时小,时有时无,而且即使下得很大也不会持续很久,用不了多长时间就会雨过天晴了,因此这种雨被人们称为"雷阵雨"。

关于雷电……

雷电分为直击雷、电磁脉冲、球形雷、云闪四种类型. 其中直击雷和球形雷都会对人和建筑造成危害,而电磁脉冲主要影响电子设备.

68 为什么雷雨前天气特别闷热?

雷雨出现前,地面高温,靠近地面空气的温度能上升得很高,气温升高后会轻轻地浮向高空;如果只是热,但空气很干燥,雷雨也不会发生。只有湿度大的空气上浮到了高空,才会形成雷雨云。天空中有了雷雨云,就可能有雷雨发生。天气热,空气中

不可思议

世界各地每秒钟大约有1800个雷电正在进行;闪电的电压很高,一次闪电的电压约为1亿到10亿伏。

的水汽多,人身上的汗就不容易消散,所以会感到十分闷热。这就和我们在浴室里洗澡,感到闷热,是因为浴室里温度高、水汽多的缘故一样。所以闷热是大气里水汽多、温度高的表现,也是雷雨发生的预兆。有时候虽然天气十分闷热,却落不下雷雨来,是因为夏天雷雨的范围比较小且不确定,雨可能落在了别处。

猜猜看:世界上下雨最多的地方是哪里?

69 什么是干雨?

干雨是干旱地区特有的自然现象。在干旱地区,天空中有时也会出现几块乌云,伴随着响雷,雨点儿从云中落下来。但雨点却在半空中消失了,地面上一个雨点儿也没有,这就是干雨。干雨与干燥的气候密切相关,干旱地区一般地处内陆,远离海洋,四面有高山阻挡,湿润的海风很难吹到这里。夏季,太阳把大地烤得火辣辣的,地面的空气受热变轻不断上升,其中夹带的水蒸气形成云,以至下起雨来。但由于水汽供应不足,形成的雨滴又细又小,刚到半空就被蒸发掉了,根本无法落到地上。

▼ 春雨

70 为什么说春雨特别宝贵?

在中国北方地区,冬、春季节雨量稀少;到了春季,在冬天几乎停止生长的农作物开始进入"返青"时期,许多农作物开始进入播种季节。因此,春季特别需要充足的水分,这时的雨水就显得特别宝贵。但是,春天海洋来的暖空气势力还不能北上到达黄河以北地区,冷暖气流多在长江以南地区交汇,导致主要的雨区分布在长江以南地区。而黄河以北地区下雨机会不多,雨量仍然很稀少。因此,春雨对中国北方地区来说特别宝贵。

▲ 洪水泛滥

71 为什么会发生洪水?

洪水大多发生在春夏季节,当冰雪融化或雨水过多时,湖泊不能容纳多余的水,就形成了洪水。河流、湖泊、海边和水坝等水量充足的地方都有可能发生洪水,湖泊水位过高、河流堤坝的溃烂和水坝事故都有可能带来洪水。洪水多发生在江河湖泊集中、降雨充沛的地方。中国、孟加拉国是世界上水灾最频繁、最肆虐的地方。

72 泥石流是怎样形成的?

泥石流是一种伴随山区洪水而发生的自然灾害。与洪水相比,泥石流中含有足够数量的泥沙石等固体碎屑物,其体积含量最少为15%,最高可达80%左右,因其高速前进,具有强大的能量,因而破坏性极大。泥石流发生时长有几个小时,短的只有几分钟,但它可以冲毁城镇、矿山、乡村,造成人畜伤亡,破坏房屋及其他工程设施,破坏农作物、林木及耕地。此外,泥石流有时也会淤塞河道,不但阻断航运,还可能引起水灾。

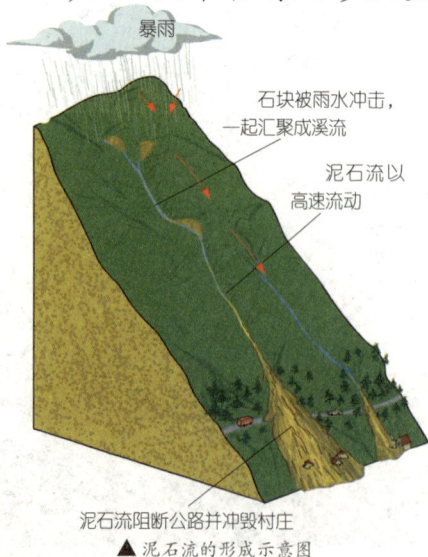
暴雨
石块被雨水冲击,一起汇聚成溪流
泥石流以高速流动
泥石流阻断公路并冲毁村庄
▲ 泥石流的形成示意图

73 冰雹是怎样形成的?

冰雹也叫"雹",在夏季或春夏之交最为常见。冰雹的形成过程和雨相似。夏天,大量的水蒸气升到高空中温度在-20℃以下的地方时,就会变成小冰珠,当空气无法托住小冰珠时,它便会从高空落下。下落时,上升的水蒸气会断续在它们表面结冰,小冰珠在空中不断地被包上冰衣落到地面,就形成冰雹了。

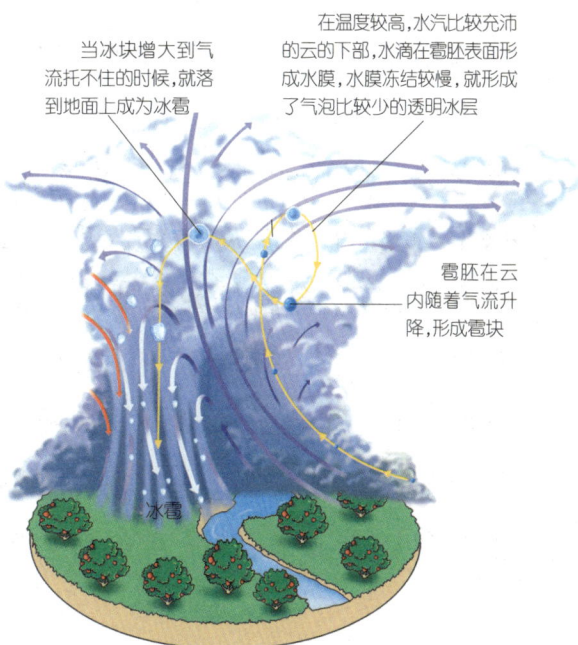

当冰块增大到气流托不住的时候,就落到地面上成为冰雹

在温度较高,水汽比较充沛的云的下部,水滴在雹胚表面形成水膜,水膜冻结较慢,就形成了气泡比较少的透明冰层

雹胚在云内随着气流升降,形成雹块

冰雹

▲ 冰雹的形成示意图

74 冰雹为什么常发生在夏天?

冰雹形成于积雨云中,夏天空气中水汽充足,而且低层大气又很容易被地面的高温烤热,形成下热上冷的不稳定的空气柱,因此强烈对流产生,并发展为能产生冰雹的积雨云。积雨云中的上升气流很强,足以支撑云中增大的冰珠,因此便可以形成冰雹了。

不可思议

一些地方,因为上升气流很强,所以这里产生的冰雹也非常大,世界上有记录的最大的冰雹甚至比一个椰子还要大。

75 雪花是怎样形成的?

在寒冷的冬天,我们总能看到飘飘洒洒的雪花从天而降。为什么冬季下的是雪花,而不是雨?为什么夏天不下雪?雪花究竟是怎样形成的呢?冬天的气温很低,地面温度通常降到0℃以下,高空中的温度就更低了。此时,云中的水汽不会再凝聚为小水珠,而是会直接凝结成小冰晶,一个个的小冰晶也就是小雪花的雏形。这些小冰晶在相互碰撞时,冰晶表面增热使其中的一些融化,而后互相黏合并又重新冻结。这样重复多次之后,雪花便基本形成。当这些雪花增大到一定程度的时候,便从云层里落到地面上来,就是我们所看到的雪。

76 雪花都有哪些形状?

雪花有多种形状,至今已发现的就有4000多种,雪花大都是六角形的。当极小的冰晶和0℃以下的冷却水滴组成云层后,不断升腾的水汽会与冰晶凝结。温度达到−5℃时,无数根六角形的冰针就形成了,这是冰晶最稳定的形状,同时,凝结还在继续。如果冰晶周围水汽多,六个角增长很快,就形成星状雪花;如果冰晶四周水汽很少,六个角不如两个底面增长快,便形成柱状雪花;倘若水汽适中,就会形成片状雪花。

▲ 各种雪花的形状

77 雪都是白色的吗？

我们常见的雪都是白色的。其实，雪花本身是透明的，并没有颜色，但是由于雪花表面凹凸不平，光线在雪花上就会发生折射和反射，再加上大量的雪花堆在一起，使雪花看起来是白色的。但是并不是所有的雪花都是白色的，北冰洋附近就出现过绿色的雪。这是因为北冰洋地区有很多含有叶绿素的藻类，有时大风把这些藻类吹到天空中，藻类与雪花粘在一起并降落下来，雪也就变成绿色的了。

不可思议

6月是夏季，本该是下雨的季节，但在我国的青藏高原地区，在六七月天，偶尔也会雪花飘飘。

▼下雪

53

78 为什么下雪不冷而化雪却特别冷？

冬季下雪时，冷空气与暖湿空气刚刚相遇，冷空气较弱，停留较长时间后也会逐渐减弱。所以，冬天降雪前和降雪时人们不会觉得太冷。在降雪过程中，冷空气势力继续加强，强冷空气控制了当地后，就会雪止云消，天气转晴，但温度也大大降低了。同时，由于雪面的反射作用较大，加之积雪在阳光照射下融化时，又要从近地面的空气中吸收大量热量而使气温降低。因此，人们就会觉得化雪时比下雪时冷得多。

▲ 雪地里行走的女孩

79 冻雨是怎样形成的？

在初冬或冬末初春时节，当雨滴从空中落下来时，由于近地面的气温很低，在电线杆、树木、植被及道路表面都会冻结上一层晶莹的薄冰，人们把这种天气现象称为"冻雨"。当这层薄冰越结越厚，结聚过程中还边流动边冻结，结果便制造出一串串钟乳石似的冰柱，俗称"冰挂"。它们晶莹透亮，遇上阳光，放射出五彩光芒，非常好看。然而，冻雨却

▲ 冻雨

常常造成十分严重的危害。如电线上结上冰凌后增加了重量、遇冷会发生收缩，使得电线绷断，导致通信和输电中断事故；农作物遇到冻雨后被冻伤、冻死；地面上结冰，交通事故将剧增。所以，持续数天出现冻雨，就会造成很大的灾害。

80 霜是怎样形成的？

在寒冷季节的清晨，草叶上、土块上常常覆盖着一层白色的冰晶，这就是霜。白天受到阳光的照射，大地表面的水分不断蒸发。但这些蒸发出的水汽并没有全部散发，而是留在地面附近的大气中。到了夜晚，温度会降低，那些白天蒸发的水汽与温度在0℃以下的物体接触时，就会附着在上面，凝成冰晶，这样就形成了霜。

关于极端天气……
极端天气气候总体可以分为极端高温、极端低温、极端干旱、极端降水等几类。极端天气一般特点是发生概率小，但影响却很大。

81 露珠是怎样形成的?

在温暖季节的清晨,我们在路边植物的枝叶上经常可以看到露珠。那露珠究竟是如何形成的呢? 以前人们认为露是无根之水,是从天上掉下来的。其实露是由大气底层的水汽凝结而成的。在温暖的季节里,白天大地会不断地吸收热量,温度升高,使空气中含有大量的水分。到了晚上,大地中的热量又很快散去,温度骤然下降,与物体表面相接触的空气温度下降到一定程度后就有多余的水汽析出,这些水汽依附在植物上,就形成了露珠。

82 为什么有露水时一般是晴天?

在晴朗的夜间,地面散热很快,田野上气温迅速下降,空气中的水汽就纷纷地凝附到草叶上、树叶上、石头上。而多云的夜间,地面上好像盖了一层大棉被,热量不易散发出去,气温不下降,蓄含的水汽也就不容易凝结成露水了。所以,有露水时,一般是晴好天。

▼植物叶子上的露水

▲ 山顶的晨雾

83 雾是怎样形成的?

雾是空气中的水汽在地面附近达到饱和状态，形成肉眼能够看见、但又很难看清楚的小水滴。日出后，受到阳光的照射开始蒸发，进而升入高空，形成云。大气中出现这些水汽的凝结物时，能见度会降低。

不可思议

山谷里常会出现绿色的雾，这是因为树叶把绿光发射出来，然后又被雾发射，最后人们就看到雾就有一点淡淡的绿色。

84 什么是霾?

在城市中，人们常会觉得空气变得特别浑浊，看远处时，就好像隔了一层幕布一样。这"幕布"有时呈现出灰蓝色，有时会呈现出红色或黄色。实际上，这层"幕布"就是霾。霾是悬浮在空气中的尘埃和固体微粒。一旦出现霾，我们就会感觉到空气质量很差，天空也显得灰蒙蒙的。一般来说，当相对湿度大于70％时会出现雾，而相对湿度小于70％时则会出现霾。

85 为什么湖面看起来常常有雾?

清晨的湖面非常容易起雾,因为水散热比陆地慢,所以湖水在夜里冷却得也比较慢,湖面上的空气温度也就比陆地上高。温度高的空气比温度低的空气轻,因此湖面上温暖的空气会向上升,而陆地上较冷的空气就会过来补充,含水量较大的暖空气遇到了冷空气后,就开始凝结、降落,并渐渐形成了雾。湖面上形成雾的情况受天气的影响很小,因此人们可以在晴朗的早晨看到湖面上浮动着雾。

关于"雾都"……
英国是北大西洋上的一个岛国,这里受海洋暖湿气流影响很大,因此全国的雨和雾都很多。其中,英国首都伦敦一年中平均每五天就有一个雾天,因此有"世界雾都"的称号。

86 半山腰飘浮的是云还是雾?

▼黄山半山腰飘浮的雾

登山时,人们登到山腰时,常常会发现半山腰飘浮着层层白云。但是登上山峰以后,人们就会发现这些近在咫尺的云又好像是雾。准确地说来,在半山腰飘浮的是雾而不是云。但实际上,云和雾并没有严格的界限区分,它们都是由大气中无数微小水滴组成的。如果这些微小水滴随着气流上升,悬浮在高空,我们就将其称之为云;如果它们与地面接触,我们就称之为雾。

▲ 彩虹

87 为什么雨后会出现彩虹？

在炎热的夏季，时常会下雷雨或阵雨，这些雨的范围不大，往往是这边天空在下雨，那边天空仍闪耀着强烈的阳光。有时会突然下起很大的雨，但没过多久又会雨过天晴。这时，雨虽然停了，但天空中还飘浮着许多小水滴，这些小水滴能折射阳光。当阳光经过水滴时，不仅改变了前进的方向，同时还被分解成七色光，如果角度适宜，就成了我们所看到的虹。空气中的水滴越大，虹越鲜艳；水滴越小，如像雾滴那样大小时，虹色越淡，就会形成白虹。

88 环形彩虹是怎么回事?

雨后,我们常会见到半弧形的彩虹,其实自然界中还会出现环形彩虹。环形彩虹出现时,天空中往往飘有卷层云,当太阳的光线通过卷层云时,由于云层周围有一圈冰晶,光线透过云层和冰晶,发生两次折射,这样一来太阳光就会分散出各种颜色的光束,形成罕见的环形彩虹。这种现象又被叫作"日晕",只有站在高处或是坐在飞机上才会看得到。环形彩虹晕圈的颜色一般是内红外紫,它的出现通常预示着将要下雨。

89 海市蜃楼是怎么一回事?

在海边的人偶尔会看到海面上突然浮现出一座座高楼大厦或是风景优美的高山,但不久又消失了,这就是"海市蜃楼"现象。

海市蜃楼是由光线的折射和反射而形成的。由于不同空气层有不同的密度,而光在不同密度的空气中又有着不同的折射率,因此,当阳光穿过高空和地面(或海面)不同温度的空气时,会发生折射和反射,它的传播路径就会因此发生改变。改变后的光线进入我们的眼中,便令我们看见了地面以下或远处物体的影像。在沙漠中旅行的人们也常常会看到这种"海市蜃楼"的景象。

► 海市蜃楼

猜猜看:海市蜃楼常出现在哪里?

▲ 极光

90 为什么极光只出现在南北极?

极光是由于高空稀薄大气中带电的微粒引起的,在带电微粒的作用下,各种不同的气体所发出的光也不相同,因此就出现了各种形状不一和颜色各异的极光。地球像一个巨大的磁石,而它的磁石就在南北两极附近。我们熟悉的指南针因受到地磁场的影响,总是指着南北方向,从太阳射来的带电微粒流也要受到地磁场的影响,以螺旋运动的方式趋近地磁的南北两极。所以极光大多在南北两极附近的上空出现。

关于极光……
极光是由来自太阳多种高能粒子所引起的,极光的出现于太阳活动密切相关。太阳活动越剧烈,极光出现的次数越多,也越亮。最亮的极光亮度可达月亮的一半。

91 为什么会打雷?

雷是由闪电引起的。当闪电划过天空时,由于电流的强度很大,因此会使闪电周围空气的温度瞬间升高,这个温度甚至可以达到太阳表面温度的 5 倍。闪电周围的空气在短时间内迅速吸收了大量的热量,变得炽热无比。之后,受热后的空气就会迅速发生膨胀,这样一来就会发出巨大的响声,这就是我们所听到的雷声。

▼ 闪电

92 为什么会有闪电?

闪电是发生在积雨云层中的一种放电现象。积雨云间聚集着许多的正电荷和负电荷,通常情况下,云层上部带正电荷,下部带负电荷。这样,同种电荷间会互相排斥,而异种电荷互相吸引,地面上就感应出大量正电荷。当云中的电荷越聚越多,达到一定数量时,云与地面间的空气层就会被击穿,云中的电荷与地面的电荷强行汇合在一起。一瞬间,伴随着极强的电流,空气被烧得炽热,发出耀眼的白光,并产生出电火花。这就是我们看到的闪电。

93 为什么先看到闪电后听到雷声?

每当电闪雷鸣时,我们总先看见闪电后听到雷声。事实上,闪电和打雷几乎是同时发生的。但是闪电是光,光在空气中的传播速度是每秒 30 万千米,而雷是声音,声音的速度只有每秒 340 米。光的传播速度是声音传播速度的近 90 万倍。正因如此,

不可思议
普通的闪电能产生约 10 亿瓦特的电力,而超级闪电则至少有 1000 亿瓦特,甚至可能达到万亿至 10 万亿瓦特。

虽然闪电和打雷同时发生,但我们总是会先看到闪电,片刻之后,才会听到雷声。

94 为什么高大的物体容易被雷电击中?

在雷雨天,孤立高耸的物体因为凸出,常常聚集着很多正电荷。很容易把云中的负电荷吸引过来,产生放电现象,遭受雷击。因此,人们通常在高大建筑上安置避雷针,以避免雷击。为了避免雷击,打雷时,人要避开大树、高墙、电线杆等高耸物体,也不要在山顶上避雨,更不要持金属器具在雨中行走。

▲ 闪电的时候,在树下躲避是一件很危险的事情,高耸的大树经常成为雷电袭击的目标

95 风是怎么形成的?

风就是水平运动的空气,空气的运动主要是由地球上各纬度所接受的太阳辐射强度不同造成的。地球上所有地方都在吸收太阳的热量,但是由于地面受热的不均匀,空气的冷暖程度就不一样。暖空气膨胀变轻上升,冷空气冷却变重下降,这样,冷暖空气便产生流动,从而形成了风。风是流动着的空气,但不同来历的风有着不同的特性。空气流动较慢时,会形成微风;流动很快时,则会刮起大风,甚至飓风。

96 风的大小用什么表示?

风力等级是根据风对地面(或海面)物体的影响程度来定的。我国一般采用 12 个等级分法,即"蒲福风级"。第一级软风,第二级轻风,第三级微风,第四级和风,第五级清风,第六级强风,第七级疾风,第八级大风,第九级烈风,第十级暴风,第十一级狂风,第十二级飓风。通常来说,三级以下的风给人的感觉比较舒适,四、五级风便会使小树摇动,七、八级风会令人举步维艰,九级以上的风能够将烟囱与屋顶等毁坏。

▶ 风级示意图

97 为什么山顶的风比山下大？

去山里的人总有这样感觉，高处的风总是比低处大些。风虽然来去无踪，却是空气流动的产物，因而也会与各种物体发生摩擦。贴近地面的空气受到的摩擦力最大，尤其是起伏不平的山地，风在行进中总会被山挡回来，形成旋涡运动，渐渐减弱。同样，有建筑物的地方也是如此。因此，我们就会感到低处的风小一些。然而随着高度的增加，阻碍物越来越少，摩擦力作用也渐渐减少，风速自然也就增大了。

关于台风……

飓风和台风都是指风速达到每秒 33 米以上的热带气旋，只是因发生的地域不同，才有了不同名称。人们一般将出现在西北太平洋和我国南海的强烈热带气旋称为"台风"；发生在大西洋、加勒比海、印度洋和北太平洋东部的则称"飓风"。

▼ 山顶的风

98 为什么水面的风比陆地大？

人们来到湖边或海边，总觉得这里的风比岸上大。这是因为水面的障碍物比较少，表面相对平滑，空气在移动过程中不会产生很大的摩擦力，这样一来，风便能很自由地快速流动起来。与之相反，陆地的地面比较粗糙，地形也很复杂，障碍物很多，风在行进过程中会产生很大的摩擦力，使风速渐渐减小。因此，水面上的风就会比陆地上大很多了。

99 龙卷风是怎样形成的？

龙卷风大多在高温、高湿的不稳定气团中形成。那里空气剧烈地抖动，导致上下温度相差过大，冷空气急剧下降，热空气迅速上升，上下层空气快速对流，在空中形成小旋涡，近地面几十米厚的一薄层空气内，气流被从四面八方吸入涡旋的底部，并随即变为绕轴心向上的涡流，形成龙卷风。龙卷风像个巨大的漏斗，漏尖向下不停地旋转着，中心的水平风速可以达到每秒100米以上，能将地面的物体吸上天空，破坏力极大。

100 人们是怎样预测龙卷风的?

关于龙卷风……

龙卷风是一个猛烈旋转着的圆形空气柱,它的上端与雷雨云相接,下端有的直接延伸到地面或水面,有的悬在半空中,一边旋转,一边向前移动。龙卷风的范围小,直径平均为200~300米,直径最小的不过几十米,只有极少数直径达到1000米。

为了减轻龙卷风给人们带来的灾难,人们设想有朝一日能准确及时地预报出龙卷风的位置和移动方向。可是,龙卷风来得迅速,范围又小,很难在天气图上反映出来,预报比较困难。目前,只有应用脉冲型微波雷达,才能测出龙卷风的方向。这种雷达能发出一种波束,波束进入云层后,碰到云中的小水滴、冰晶等,被反射接受,自动输入电脑。电脑经过处理后即输出云层的分布、运动速度和方向等数据。气象工作者根据这些数据,就可以预测出龙卷风的形成和发展情况。现在,气象工作者已能根据数据,向将要形成龙卷风的云发射火箭,促成积雨云降雨,以阻止龙卷风的产生。

▶ 龙卷风

101 台风的移动有规律吗?

台风来袭时,它的运动路径其实是有一定规律的。使台风移动的力量主要有内力和外力两种。内力是由地球的自转产生的,由于地球在自西向东自转,受到这个力的影响,台风便会向北偏西的方向移动。外力是台风周围的空气对台风的推力,夏秋之际,台风发生在太平洋南部边缘时,那里正在吹东风,于是受其影响,台风便会向西行进。内力和外力结合在一起,促使台风的移动变得有规律了。

102 为什么台风过后常会下雨?

当一场台风经过时与经过后,都会长时间地下暴雨,农田、房屋被淹没。即使台风已经过去,暴雨仍然不会停止。因为台风登陆地面后,受地表与地面障碍物的摩擦影响,台风的强度会大大削弱,很快消失。虽然地面的风力小了,但在高空之中,由于摩擦力小,大风仍然势头强劲,台风从海洋上带来的暖湿空气也仍会继续凝结成雨滴,形成暴雨。因此,台风虽然已经停止了,但其带来的暴雨却仍会持续一段时间。

▲ 台风过后下暴雨

103 为什么从太空看地球是蓝色的?

地球上 71% 的面积为海洋,所以完全可以把地球称为水球。又因为海洋全是蓝色,所以在太空中看地球几乎全是蓝色,当然还有其他一些颜色,只是并不明显。由于陆地上更容易生成云,云是由水蒸气和灰尘组成的,海上灰尘很少,所以云不是很多,在陆地上却能形成许多云。这些云将陆地遮盖住,所以在太空中陆地不太让人注意。这是因为阳光有 7 种颜色,而蓝色是波长最短的一中,其次为紫色,波长最长的是红色。波长越长,则它的散射就越小,方向性好;波长越短则更容易散射;而且波长短不易被吸收,红色这种波长较长的便容易被吸收掉,所以海洋和天空都是蓝色的。所以地球看起来是蓝色星球。

不可思议

地球是一个名副其实的水球。地球上 71% 的面积是海洋,97% 是盐水,但只有 3% 的水是可供人类饮用的淡水。

▼从太空看到的地球

104 海洋是怎样形成的?

在地球刚形成时,既没有大气,也没有海洋,更不会有生命。在地球形成后最初几亿年里,由于地壳非常薄,加上宇宙中不断有小天体撞击地球表面,地幔里的岩浆不断地上涌喷出,因此,地球上处处是骇人的火海翻腾。伴随着岩浆喷涌而出的还有大量的水蒸气、二氧化碳,当这些气体上升到空中,就渐渐形成云层。后来,这些云层中的小水滴就变成了雨。在经过很长时间的降雨后,原始地壳低洼的地方渐渐累积了大量的雨水,这就形成了最原始的海洋。

105 什么是海岸线?

在大海与陆地之间有一条漫长的分界线,被称为海岸线。海岸线有的弯弯曲曲,有的则像刀削一样笔直。海岸线并非不是一成不变,由于海洋有潮汐变化,海水在时刻不停地反复涨落,所以海岸线也是在不断变化的。为了测绘和统计上的方便,地图上的海岸线都是人为规定的,一般情况下是将现代平均高潮线视为海岸线。

◀ 曲折的海岸线

猜猜看:世界最小的海是哪片海?

106 大陆架是什么？

大陆架是大陆沿岸土地在海面下向海岸延伸，可以说是被海水所覆盖的大陆；它是大陆向海洋的自然延伸，通常被认为是陆地的一部分，所以又叫"陆棚"或"大陆浅滩"。在过去的冰川期，由于海平面下降，大陆架常常露出海面成为陆地、陆桥；在间冰期

关于海洋……

我们常将海和洋并称，其实，海是海洋的边缘部分，也是我们经常见到的部分；而洋是海洋最中心的部分，是海洋的主体，大洋的水深一般都在3000米以上，最深处可达1万米以上。

（冰川消退，比如现在），则被上升的海水淹没，成为浅海。大陆架由于得到陆地上丰富的营养物质的供应，形成富饶的海域，这里盛产鱼虾，还有丰富的石油天然气等。如今，人们又在这里开辟浴场，利用这里的阳光、沙滩，开辟旅游度假区。

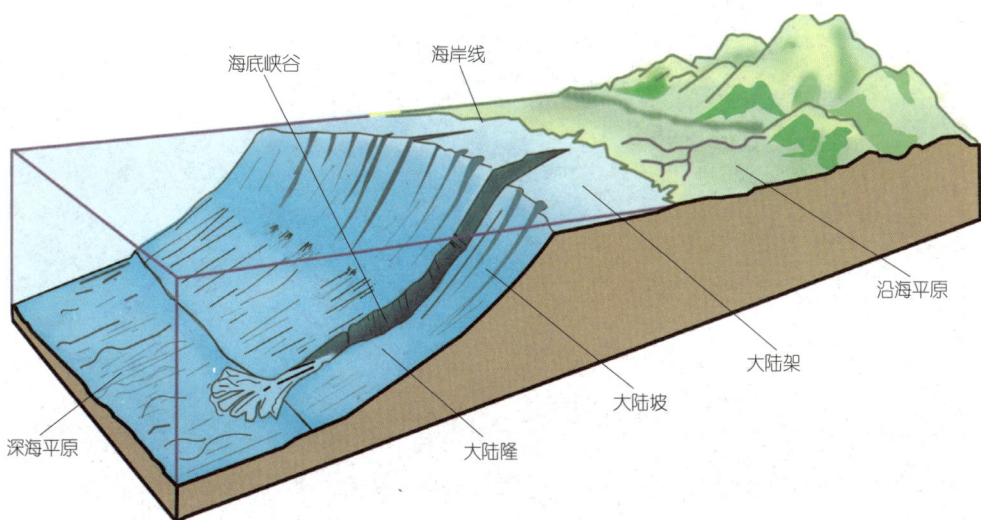

海底峡谷　海岸线　沿海平原　大陆架　大陆坡　大陆隆　深海平原

▲ 大陆架的位置

107 什么是海沟？

海沟是位于海洋中的两壁较陡、狭长的、水深大于 5000 米的沟槽。它是海洋中最深的地方，但它却不在海洋的中心，而是位于大洋的边缘，与大陆边缘相对平行。世界大洋约有 30 条海沟，主要见于环太平洋地区，环太平洋的地震带也都位于海沟附近。在太平洋西部，海沟与岛弧平行排列；在太平洋东缘，海沟与陆缘火山弧相伴随，大西洋和印度洋也有少数海沟。

关于海沟……

太平洋的马里亚纳海沟是目前已知的最深的海沟，其最深处有 11034 米，海沟底部于海平面下之深度，比珠穆朗玛峰海平面上的高度还要大。

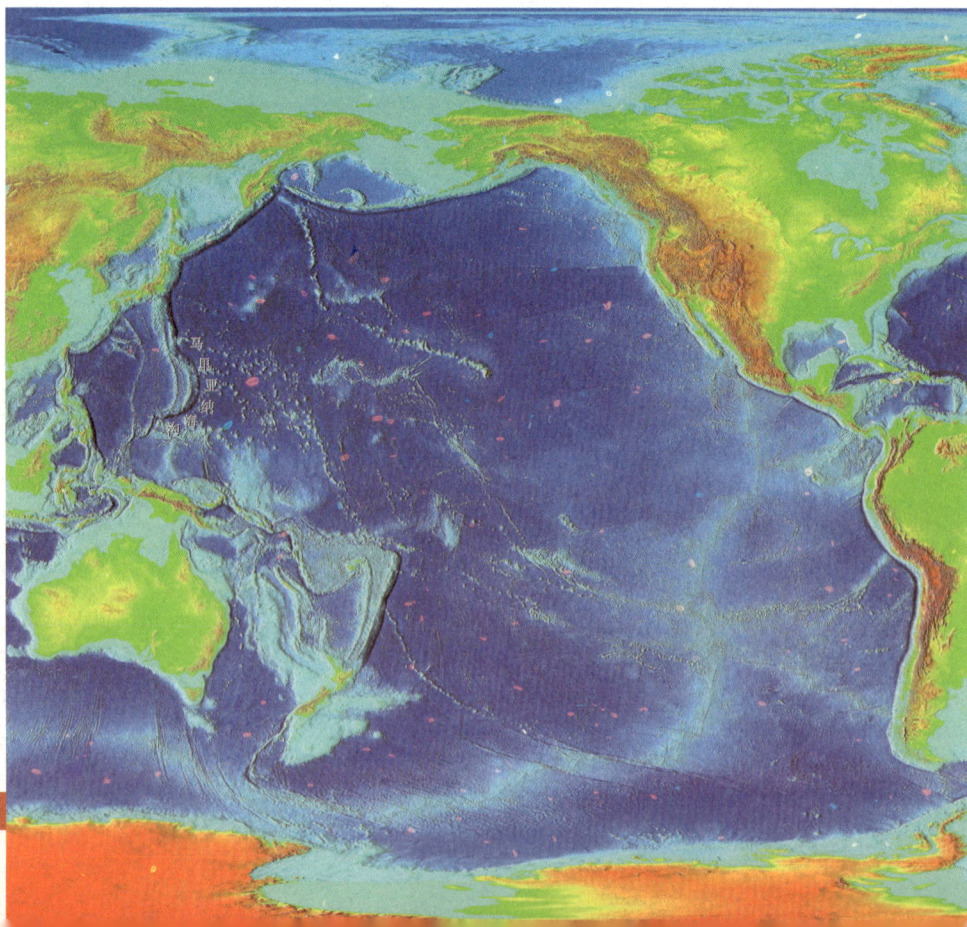

▼ 马里亚纳海沟的位置

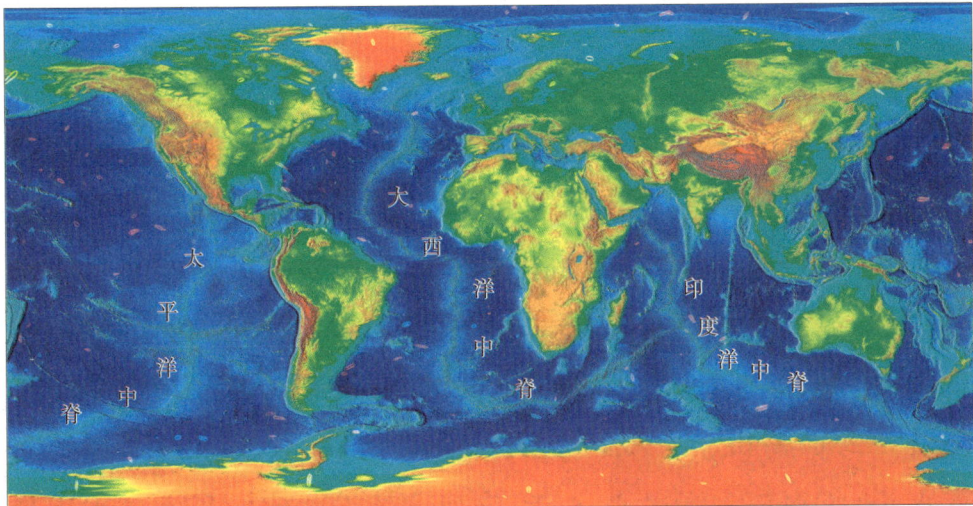

▲ 大洋中脊的位置

108 什么是大洋中脊？

大洋中脊也叫中央海岭，是全球最大的洋底山系，纵贯北冰洋、大西洋、印度洋和太平洋，总长度约8万千米，相当于陆地山脉的总和。大西洋的洋中脊位置居中，呈S形分布，它向北延伸，穿过冰岛，与北冰洋中脊相连接；印度洋洋中脊也大体居中，但分成三支，呈人字形分布；太平洋的洋脊偏居东侧，且两侧坡度较平缓，称东太平洋海隆。

▶ 冰岛地处大西洋洋中脊上，是一个多火山、地质活动频繁的国家

73

109 什么海平面会高低不平?

海水在重力作用下,会由高处向低处流,构成一个大洋的平面,即海平面。如地球表面凹凸不平是因为各处的地心引力各不相同,海洋底部的引力也是各不相同的。在斯里兰卡附近,海底地壳厚,引力大,吸引的海水就多,使洋面在无浪的情况下也比其他海面高出一个"水峰";冰岛附近的海底地壳较薄,引力自然也小,吸引海水的量也少,于是形成了一个比四周大洋水面低的"水谷"。这样,海平面自然会高低不平了。

▼ 大海

110 海水与天相连是怎么回事?

在海边眺望,我们会发现,海天紧紧相连。其实地球是圆的,覆盖在地球表面的大海也呈弧形。天空是环绕着地球的大气,所以大海和天空是平行的。由于我们视力的局限,无法将远处的景象正确分辨出来,因此当我们站在海边向远处眺望时,就会觉得大海和天空好像连到了一起。

关于海水盐度……

海水盐度因海域不同而有差异,一般来说,大洋水中盐度的变化很小,近海水域的盐度变化较大。大洋水中,盐度的变化主要与海水蒸发、降雨、洋流等因素有关。

111   为什么大海是蓝色的？

　　海水的颜色主要取决于海水对太阳光线的吸收、反射和散射。可见光一般是由红、橙、黄、绿、青、蓝、紫七色光复合而成,七色光波长长短不一,从红光到紫光,波长逐渐变短,其中波长较长的红光、橙光、黄光穿透能力强,最易被水分子所吸收。而波长较短的蓝光、紫光穿透能力弱,当遇到纯净的海水时,最容易被散射和反射。由于人眼对蓝光比较敏感。于是,人们眺望大海时,眼前的海洋就是蔚蓝色或深蓝色了。

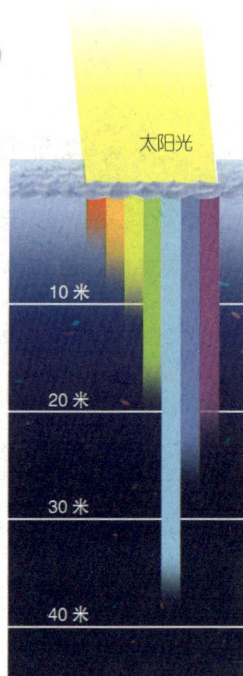

太阳光

10 米

20 米

30 米

40 米

▲ 海的色彩示意图

112 大海为什么会发光？

　　漆黑的夜晚,在茫茫的大海上常常可以看到一道道亮光闪来闪去,这并不是什么海洋怪物,或外星来客。实际上,这些光来自于能够发光的海洋生物,比如鞭毛虫、水母等。这些生物身上常常附有能发光的细菌,这些发光细菌与生物共生,生物利用共生的发光细菌发出的光来照明和觅食,而发光细菌又靠从生物体中得到的营养物质来维持生命。正是这些生物,使我们在漆黑的夜晚看到海水中闪烁着点点亮光。其实这个道理和我们透过一张有颜色的玻璃纸看东西时的道理是一样的,当我们透过带色的玻璃纸看东西时,物体的颜色会变得和原来的颜色不同。由于静脉里流的血液是暗红色的,这种暗红色被一层黄色的皮肤遮住,所以看起来就是青绿色的。

113 海水为什么又苦又咸?

提到海的味道,人们自然想到咸味,因为大海充满了盐分。海洋中这么多的盐分究竟来自哪里? 海水中的盐来自于陆地。当雨水降落地面后,一部分向低处汇集,流入江河;一部分雨水穿过各种地层渗入地下,然后又在其他地段渗出来,再以河流的方式汇入大海。水在流动过程中,经过各种土壤和岩层,分解产生出各种盐类物质,这些物质随水带进大海。海洋已经形成了 40 多亿年,因此海水中便含有了大量的盐。海水在不断蒸发,盐的浓度也就越来越高,因此海水是咸的。另外,由于海水中还含有氯化镁、硫酸镁、碳酸镁和其他盐类,所以是苦的。

不可思议

如果把海水中的盐全部提取出来均匀地平铺在陆地上,那么陆地的平均海拔高度将要增加 153 米。

▼ 在海水中提取的盐

114 海水为什么不能喝?

海水是不能直接喝的,因为海水中含有大量盐类和其他元素,远超人类饮用的标准,如果大量饮用,会导致某些元素过量进入人体,影响人体正常的生理功能,严重的还会引起中毒。据统计,在海上遇难的人员中,饮海水的人比不饮海水的死亡率高 12 倍。因为人体每排出 100 克海水中的盐类,就要排出 150 克左右的水分。所以,饮用了海水的人不仅补充不到人体需要的水分,反而脱水加快,最后造成死亡。在医学上,把容纳从心脏里流出的血液的血管称为动脉,容纳流向心脏的血液的血管叫静脉。动脉与静脉由无数的毛细血管相连。当血液被心脏泵出后,血液会冲击到动脉,动脉会相应地张一下,所以看病时医生在腕部能摸到脉搏就是因为腕部有动脉经过。

关于海水盐度……

海水盐度因海域不同而有差异,一般来说,大洋水中盐度的变化很小,近海水域的盐度变化较大。大洋水中,盐度的变化主要与海水蒸发、降雨、洋流等因素有关。

猜猜看:世界上盐度最高的海是哪个海?

115 海洋中全是淡水吗?

海中也有淡水,科学家在中国南海古雷州半岛附近海域,美国佛罗里达半岛和古巴东北部之间的海区都发现了淡水,这些淡水区域水的颜色、温度、波浪同周围的海水都不相同,人们称之为海洋中的"淡水井"。过去,人们对此习以为常,但随着科技的进步,科学家们发现,在夏威夷群岛附近海面上有200多处"淡水井",此外在南美洲大西洋沿岸也都有这种现象。经过科学考察后发现,在这些"淡水井"的海底都有一口喷泉,能够源源不断地喷出一股强大的淡水流,当喷出的淡水顶开海水占据了一定的位置以后,就形成了一个同周围海水完全不同的淡水区。

在几十万年前有些海底还是一片陆地,陆地上众多的河流和星罗棋布的湖泊为形成地下含水层创造了有利条件,尽管后来经历了多次海陆变迁,但其中的水分被原封不动地保存了下来。还有的陆地水是通过地下含水层向大陆架或陆缘盆地边缘衍生,使地表淡水直接成为海底淡水的补给源。另一方面,海底含水层中的咸水在自然条件下,经过地下水质点的弥散作用和对流作用可自发淡化成淡水。这些淡水源由于压力的作用,由海底冒出来,形成了"淡水井"。

▼海洋

116 为什么大海不会干涸?

太阳每天都会照射在无边无际的大海上,每天要蒸发掉许多的水分,但是几十亿年过去了,没有一片海洋干涸,这是因为地球上的水在不断循环的缘故。当太阳光射向海洋时,大量的水就会变成水蒸气上升到空中,变成云,最后凝结成雨珠降落到海里。而有一部分云则随着风来到大陆的上空,降落到陆地上。但这部分降水也不会消失,而会流进小溪、河流,最后汇入大海,补充蒸发掉的水分。如此周而复始,大海就永远也不会干涸了。

117 为什么大海不容易结冰?

在冬天,中国长江(约北纬30°)以北的湖泊都有冰冻现象;但是,在北纬60°以南的大海上,却几乎见不到结冰的现象。为什么大海不容易结冰?其原因是多方面的。海水含盐度很高,大约占34.5‰,这种盐度下海水的冰点大约在-2℃。即使达到-2℃,由于表面海水的密度和下层海水的密度不一,造成海水对流强烈,也不会令海水结冰。此外,海洋受洋流、波浪、风暴和潮汐的影响很大,在温度不太低或者达到冰点的情况下,冰晶也很难形成。这就是海水不容易结冰的原因。

关于海水结冰……
海水结冰会造成什么样的影响?在1912年,俄国的海船"圣·安娜"号在北冰洋上为海冰所阻,随冰漂流将近两年,最后船只完全被冰毁坏。

猜猜看:世界上岛屿最多的海是哪一个?

118 为什么大海无风也起浪?

　　人们通常把在风的直接作用下,海面产生的波动叫作风浪。然而,在没有风的日子里,大海也会涌起阵阵浪花。这是为什么呢? 这是因为在茫茫的大海上, 如果某一处海水被风吹起了波浪,那么这里的波浪不仅会在原地波动,还会源源不断地向四周的海域传递。由于流动的海面极不稳定,必须形成一定的波面才能维持平衡。当一处水面稍微出现不平时,凸处的水就会流向凹处,这样在整个海面上,就会不断地出现此起彼伏的浪涌潮动。除此之外,海底的地质变化(比如海底地震等)也会引起海浪。

▼海浪

119 什么是潮汐？它有规律吗？

凡是到过海边的人都会看到海水有一种周期性的涨落现象：到了一定时间，海水推波助澜，迅猛上涨，达到高潮；过后一些时间，上涨的海水又自行退去，留下一片沙滩，出现低潮。这种循环重复，永不停息。潮汐现象是如何产生的呢？原来，海水在跟随地球自转的同时，也受到了月球和太阳的引力，这种力被称为"引潮力"。在新月或满月时，太阳和月球的引力在同一直线上，方向一致或相反，产生高潮，这时的潮汐比较强；而在上弦月或下弦月时，月球的引力作用会分解太阳的引力作用，这时的潮汐也就会比较小了。此外，潮汐还会受地理环境、海岸位置、洋流运动等诸多因素的影响。

关于潮汐……

月球和太阳对地球产生的引力使海水发生潮汐现象，海水一涨一落的过程中蕴藏着巨大的能量，这就是潮汐能。潮汐能是一种不消耗燃料、没有污染、不受洪水或枯水影响、用之不竭的再生能源。潮汐能的利用方式主要是发电。

▼潮汐

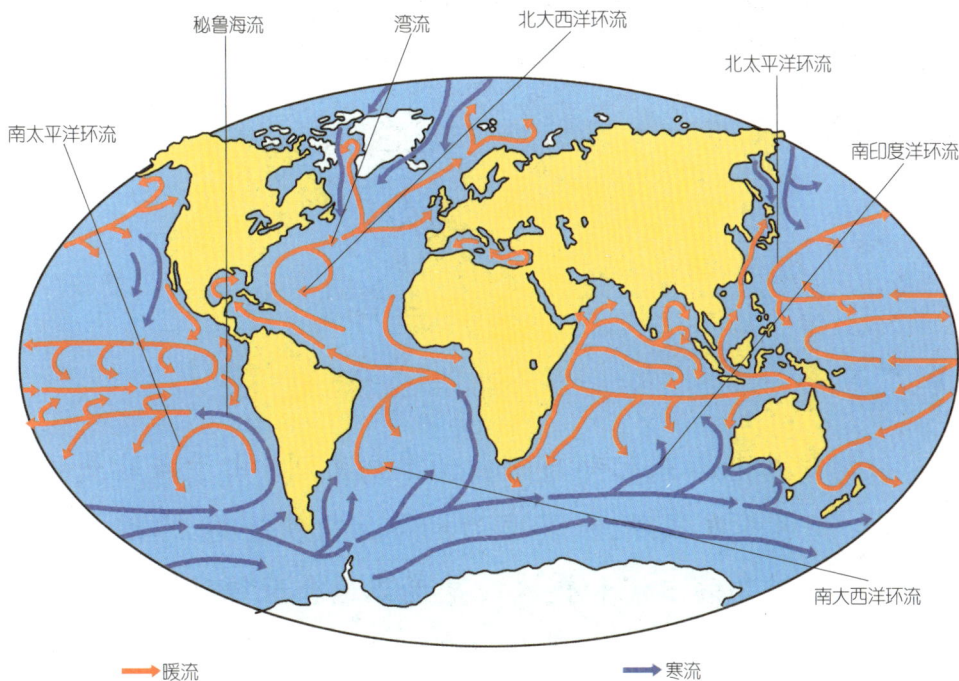

秘鲁海流　湾流　北大西洋环流
北太平洋环流
南太平洋环流
南印度洋环流
南大西洋环流
→ 暖流　　→ 寒流

▲ 世界洋流分布图

120 洋流是什么?

在季风的吹拂下,海洋表面的水会沿着固定的方向流动,形成洋流。洋流又称海流,洋流在风、海水密度等的作用下南来北往,川流不息,从而调节了地球上的气候。洋流按成因可以分为风海流(盛行风吹拂海面,推动海水随风漂流,并且使上层海水带动下层海水流动,形成规模很大的洋流)、密度流(海水密度产生的差异会引起海水水位的差异,在海水密度不同的两个海域之间便产生了海面的倾斜,造成海水的流动)和补偿流(因为海水挤压或分散引起)。按洋流水温低于或高于所流经的海域的水温,洋流可分为寒流和暖流两种。按地理位置分类,洋流可分为赤道流、大洋流、极地流及沿岸流等。

红海

121 红海海水为什么呈红色？

红海位于非洲东北部与阿拉伯半岛之间，由于当地气候炎热干燥，海水蒸发强烈，使其成为世界上盐度最高、水温最高的海域。红海较高的水温和较浓的盐度正适合蓝绿藻类在这里大量地生长与繁殖。蓝绿藻类呈红色，它们将周围的海水也映成红色，红海由此而得名。另外，来自撒哈拉大沙漠的红色沙尘经常侵袭红海上空。每当狂风卷起红色的沙尘来到红海上空的大气中时，天空便被染成一片红色。这时，天空、海水，加上岸边的红色岩壁，红海便成了美丽壮观的红色世界。

122 黑海的水为什么是黑色？

黑海海底的地形不同于其他海域，如同一个孤立的海底盆地。黑海上层水温较高，而且积存着大量的淡水，而在200米以下的海水层里，水温却很低，同时盐度也很大，因而上下层之间形成了一个屏障，叫作密度跃层，它使得上下层海水不能进行交换。跟外界隔绝的下层海水严重缺氧，加上硫细菌的作用，高浓度的硫化氢气体便把海底淤泥染成黑色。这就是从海边或海上看去，黑海呈黑色的原因。而实际上，黑海的海水也是无色透明的。

猜猜看：最大的咸水湖是哪个湖？

123 为什么死海淹不死人？

死海是一个内陆盐湖，位于以色列、约旦和巴勒斯坦之间，是世界上盐度最高的天然水体之一，海水含盐量是一般海水含盐量的 6 倍，水中除细菌外，水生植物和鱼类很难生存，沿岸树木也极少，因此被命名为"死海"。也就是因为死海的含盐量非常高，所以，任何人掉入死海，都会被海水的浮力托住，所以人就不会沉下去。游客们悠闲地仰卧在海面上，一只手拿着遮阳的彩色伞，另一只手拿着一本画报在阅读，随波漂浮。

关于死海……

死海一带夏季气温很高，气温高导致这里蒸发量很大，此外，这里干燥少雨，晴天多，日照强，补给水少，蒸发量大，这使得死海成为世界上最咸的咸水湖。

▼死海

124 马尾藻海为什么被称为"死亡之海"?

马尾藻

马尾藻海是因为在它的海面上生长了茂密的马尾藻而得名的。马尾藻海是一片围绕着百慕大群岛的特殊水域。在航海者眼中，马尾藻海是海上荒漠和船只的坟墓。在这片空旷而死寂的海域中，人们几乎捕捞不到任何可以食用的鱼类，海龟和偶尔出现的鲸似乎是这里唯一的生命，除此之外，就是那些单细胞的水藻。在口耳相传的故事中，马尾藻海被形容为一个巨大的陷阱，经过的船只会被带有魔力的海藻捕获，陷在海藻群中挣脱不出，最终只剩下水手的累累白骨和船只的残骸。这些虽然只是传说，但或许就是因为马尾藻这种大型藻类的出现，改变了常规的海洋水系的动力条件，使马尾藻海的水文变得神秘莫测，令船员谈虎色变。

湾流　北大西洋洋流
百慕大　加那利寒流
马 尾 藻 海
加勒比海

▲ 洋流使马尾藻海的水流缓慢地做顺时针方向转动。因此马尾藻海像台风眼一样，是一个风平浪静、水流微弱的海区

125 珊瑚海中有很多珊瑚吗？

南太平洋的珊瑚海曾经是珊瑚虫的天下，它们巧夺天工，留下了世界最大的堡礁。众多的环礁岛、珊瑚石平台，散落在广阔的洋面上，因此人们将这里称作珊瑚海。珊瑚海还是世界上最大的海，这里水质清澈透明，水下阳光充足，风速小，海面平静，水质洁净，是大多数珊瑚虫最喜欢的生存环境。珊瑚虫是珊瑚礁的建筑师，它们以浮游生物为食，群体生活，能分泌出石灰质骨骼。老一代珊瑚虫死后留下遗骸，新一代继续发育繁衍，像树木抽枝发芽一样，向高处和两旁发展。如此年复一年，日积月累，珊瑚虫分泌的石灰质骨骼连同藻类、贝壳等海洋生物残骸胶结一起，堆积成一个个珊瑚礁体。因此，珊瑚海以众多的珊瑚礁而闻名，这里坐落着世界最大的三个珊瑚礁群，即大堡礁、塔古拉堡礁和新喀里多尼亚堡礁。

关于珊瑚虫……

珊瑚虫是一种群居的海洋生物，常结合成一个群体，形状就像树枝。平时看到的珊瑚是珊瑚虫死后留下的骨骼，珊瑚虫的子孙在它们祖先的"骨骼"上面繁殖后代，就形成了各种各样的珊瑚。

▼ 珊瑚海

▲ 巴伦支海

126 为什么巴伦支海被称为北冰洋的"暖池"？

巴伦支海是北冰洋边缘的一片海域，位于欧洲大陆以北，东至新地岛，西到熊岛一线，北接斯匹次卑尔根群岛和法兰士约瑟夫群岛。其南部的一小部分延伸入科拉半岛与俄罗斯大陆之间，称为"白海"。巴伦支海用荷兰航海家威廉·巴伦支的姓氏命名，在 1594—1596 年期间，他曾三次航行到此。在巴伦支海的北侧，由于得到斯瓦尔巴群岛和法兰士·约瑟夫群岛的护卫，阻挡了北冰洋浮冰群的侵入；东侧的新地岛又像天然的屏障，使喀拉海终年不化的海冰难以逾越。只有西侧岛屿较少，易于与外洋沟通。

正是在这个方向上，强大的墨西哥湾暖流给巴伦支海送来大量温暖的海水，使巴伦支海的水温（4℃~12℃）比周围的北冰洋各部分的水温高得多，所以，巴伦支海被誉为北冰洋的"暖池"。

◀ 病逝的威廉·巴伦支

127 钱塘江大潮是怎么一回事?

钱塘江大潮有"天下第一潮"之称，全世界只有巴西亚马孙河的涌潮可与之媲美。钱塘江涌潮自古以来被誉为天下奇观，每逢农历初一、十五，地球、太阳、月亮连成一线，由于月亮和太阳的引潮力作用，最易形成大潮，农历八月十八日前后为最大。

关于大潮……
南美洲的亚马孙河、南亚的恒河与钱塘江潮，并称为世界三大强涌潮河流。但以涌潮的优美、壮观论，钱塘江大潮独领风骚甲天下。

其实，钱塘江大潮的形成除受月、日引力影响外，主要是由它独特的地理位置决定的。钱塘江外的杭州湾外宽内窄、外深内浅，是一个非常典型的喇叭状海湾。出海口江面宽达 100 千米，往西到澉浦，江面骤缩到 20 千米，到海宁盐官镇一带时，江面只有 3 千米宽。起潮时，宽深的湾口一下子吞进大量海水，由于江面迅速收缩，夺路上涌的潮水来不及均匀上升，便都后浪推前浪，一浪更比一浪高。接着，又遇到水下巨大的拦门沙坝，潮水一拥而上，掀起高耸惊人的巨涛，此时潮声震耳欲聋，浪涛汹涌澎湃，大有"翻江倒海山为摧"之势，异常奇美壮观。

▶ 钱塘江大潮

128 为什么海洋中会有岛屿？

在无际的大海中，海底的地面是凹凸不平的，岛屿就是凸出海平面的那部分，全世界的岛屿有5万多个，它们的总面积加起来，几乎与中国的陆地面积的差不多一样。从分布上看，世界七大洲中都有岛屿分布。海洋上的岛屿像无数块形态各异五光十色的翡翠镶嵌在蔚蓝色的海面上。这些岛屿是怎样形成的呢？海洋上的岛屿有的是由于地壳变化，使得它与原先的陆地分离，中间被海水隔开，从而成为了岛屿；有的是由于大陆一些大江带来的泥沙在进入海口后逐渐堆积形成的；有的是海底火山爆发或地震隆起，由岩浆喷射物的堆积或隆起部分形成的；有的是珊瑚虫堆积而成的珊瑚岛。

> **关于夏威夷群岛……**
> 夏威夷群岛位于太平洋中部，总面积16650平方千米，其中只有8个比较大的岛能住人，因此夏威夷也被称为"三明治群岛"。

▼岛屿

129 什么是群岛？世界上最大的群岛在哪里？

群岛是指成群分布在一起的岛屿，是彼此距离很近的许多岛屿的合称。群岛根据成因，可以分为构造升降引起的构造群岛、火山作用形成的火山群岛、生物骨骼形成的生物礁群岛和外动力条件下形成的堡垒群岛四种。世界上主要的群岛分布在四个大洋中，其中以太平洋海域中群岛最多。位于西太平洋海域的马来群岛是世界最大的群岛，整个群岛有大小岛屿2万多个，分属于印度尼西亚、马来西亚、文莱、菲律宾、东帝汶等国。岛上山岭多，地形崎岖，并时常有地震火山爆发。

▲ 卫星拍摄到的马来群岛地貌

130 什么是半岛？世界上有哪些著名的半岛？

半岛是指那种伸入海洋的陆地，它三面临水、一面同陆地相连。半岛面积大小不一、形状各异。世界上大的半岛都是由于大的地壳运动造成的，半岛主要的特点就是水陆兼并，如果再加上良好的自然环境和优越的地理优势，就会形成半岛优势圈。世界著名的半岛有阿拉伯半岛、斯堪的纳维亚半岛、伊比利亚半岛、巴尔干半岛、亚平宁半岛、中南半岛等。

131 赤潮是如何形成的？

赤潮是一种由人为因素造成的生态异常现象。它是在特定的环境条件下，海水中某些浮游植物、原生动物及细菌爆发性增殖或高度聚集而引起水体变色的一种有害生态现象。赤潮形成的相关因素很多，但其中一个极其重要的因素是海洋污染。大量含有各种含氮有机物的废污水排入海水中，促使海水富营养化，这是赤潮藻类能够大量繁殖的重要物质基础。

132 怎样区分内流河和外流河？

河流是一种天然地表水流，大多是由大气的降水和雪山融水形成的。根据河流的最终归宿，河流还可分为外流河和内流河两大类。那些能直接或间接流入海洋的河流，称为外流河。外流河一般分布在气候较湿润、降水丰富、离海洋较近的地区。世界上2/3以上的河流是外流河，如南美洲的亚马孙河，非洲的尼罗河，中国的长江、黄河等。内流河即注入内陆湖泊或沼泽，或因渗漏、蒸发而消失于荒漠中的河流，一般处于离海洋较远的内陆地区，俄罗斯的伏尔加河、我国新疆的塔里木河等均属内流河。

▲ 卫星拍摄的尼罗河地貌

133 为什么河流都是弯弯曲曲的？

中国人形容黄河常说"九曲黄河十八弯"。其实，不止是黄河，所有的河流都不是呈直线奔流入海的，而总是呈现出弯弯曲曲的形状。这是因为，河流在行进入海的过程中并不是一路畅通的，它总是会遇到各种各样的阻碍物。如果阻碍物比较容易被破坏,水流就会冲开它继续前进;如果阻碍物坚固，比如高山巨石等,水流就只好绕开它前进。此外，河床的坡度与阻力以及河流沉积物质等因素也会促使河流更为弯曲。综合这些原因，河流就形成了弯弯曲曲的形状。

> **不可思议**
> 黄河是世界上含沙量最多的河流，每年会产生 16 亿吨泥沙，其中有 12 亿吨流入大海，剩下 4 亿吨留在冲积平原上。

▼ 黄河上游

134 为什么河流入海处会形成"三角洲"?

河流从源头出发，经过漫长的路途后汇入大

▲ 卫星拍摄的珠江三角洲地貌

海，河水在奔流入海的途中会挟带大量泥沙，在将要入海的地方，河面宽阔、陆地平坦，水流速度骤然减小，再加上海上潮水的不断涌入，使河水流入大海的速度更慢了。这样一来，泥沙就在河口附近沉淀、堆积起来，时间一长就会露出水面，成为陆地。从高空往下看，这些陆地的形状类似三角形，顶部指向上游，底边为其外缘的陆地，所以人们就将它们称为"三角洲"。世界上著名的三角洲有珠江三角洲、尼罗河三角洲、密西西比河三角洲等。

135 为什么尼罗河会变色?

尼罗河是世界上最长的河流，也是非洲的第一大河流。与其他河流不同的是，尼罗河会变色，尼罗河每年都会从透明变为绿色，又变为红褐色，最后再恢复透明的状态。每年2~5月是尼罗河的枯水期，河水清澈；从6月开始，上游的白尼罗河带着漂浮的苇草与各种绿色的水藻流过，于是河水开始呈现绿色；到了7月，尼罗河进入泛滥期，占流量4/7的青尼罗河此时水量猛增，大量泥沙使尼罗河呈红褐色。到9月份时，河水最红。而在11月后青尼罗河水减少，水位降低，尼罗河又回到清澈见底的状态。

136 为什么印度人将恒河视为"圣河"？

恒河是印度的第一大河，发源于喜马拉雅山南麓加姆尔。加姆尔在印度语中是"牛嘴"之意，而牛在印度被视为神灵，恒河则是从神灵——牛的嘴里流出来的圣洁清泉，所以印度教的教徒认为整个恒河都是"圣水"。印度教教徒们认为恒河能洗脱人的罪孽，使灵魂纯洁升天，能在圣河岸边寿终正寝，来世将无比幸福。正是在这种宗教信念的支配下，每年前往恒河沐浴的印度教教徒数以百万计。恒河也就被印度人民尊称为"圣河"。

关于恒河……
恒河在 2007 年被评为世界五条污染最严重的河流之一，恒河污染不仅对人类造成危害，也对 140 种鱼类、90 种两生类动物和濒危的恒河豚造成威胁。

▼ 恒河岸边的沐浴者

137 瀑布是怎样形成？

瀑布形成的原因很多，比如地壳的垂直运动使断裂处发生相对的升降，形成悬崖峭壁，从这些地方经过的河流就会形成瀑布。另外，在河流的河床中，由于每段河床的岩石构造不同，抵抗河水侵蚀的能力也不同，因此河床的地形会形成差别。这也是形成瀑布的一个原因。此外，冰川、火山地形、海岸线受侵蚀、暗河等自然作用也会形成瀑布。

138 尼亚加拉瀑布为什么会后退？

位于加拿大和美国交界的尼亚加拉瀑布，由于瀑布的长年冲蚀和地质构造等的原因，在逐步向上游方向后退。据记录，1842~1927年平均每年后退 1.02 米，落差也在逐渐减小，照此下去，5 万年后瀑布将完全消失。为了挽救尼亚加拉瀑布，20 世纪50 年代以来，美、加两国政府耗费巨资，采取了控制水流、用混凝土加固崖壁等措施，使瀑布后退速度控制在每年 3 厘米以内。

▼尼亚加拉瀑布

▲ 中国最深的湖泊长白山天池即为火山湖

139 为什么火山口会有湖泊？

火山口湖是火山锥顶上的凹陷部分积水后形成的湖泊。火口湖大多为圆形或马蹄形，面积不大，但湖水很深。其形成常是由火山喷发引起的，炽热的岩浆从地底喷涌到空中或地表，落在火山喉管附近，堆积成一个陡峭的山壁。火停止喷发后，出口处的熔岩渐渐冷却，最终形成一个底平外圆的封闭凹陷形状，仿佛一口巨大的锅。降水日积月累，就会积满雨水，最终形成火口湖。

140 世界最大的湖泊叫什么？

欧亚大陆之间的里海，虽然名字上有个海字，但它仅仅是一个巨大的湖泊。里海的面积为 37.1 万平方千米，有 130 多条河注入里海。1 万多年前，里海曾与黑海、地中海相连，海水彼此沟通。后经地壳运动，高加索山和厄尔布尔土山的隆起，把里海与海洋分离开了，从而形成今日这个内陆湖。

不可思议

1986 年，喀麦隆的尼欧斯湖湖水中的二氧化碳气体爆发，使有害气体溢出导致人畜窒息，造成至少 1200 人丧生。

▲ 苏必利尔湖是世界上第一大淡水湖，也是北美洲五大湖中最大的。图为卫星拍摄的苏必利尔湖

141 为什么湖泊水有的是淡水、有的是咸水？

大多数湖泊水都是由河水或雪水注入的。河水在流动过程中会将地层中的一些盐分溶解到河水里。另外，沿途汇入河中的地下水也会带来盐分，使湖泊盐分增加。如果湖水又从另外的出口继续流出，盐分也会随之流出去，在这种水流非常畅通的湖中，盐分很难集中，所以形成了淡水湖。但有些湖泊没有通往河流或大海的通道，再加上气候干燥，会蒸发掉大量的水分，含盐量便愈来愈高，湖水就会愈来愈咸，成为咸水湖。

关于湖泊……

湖泊有内流湖与外流湖之分。内流湖的特点是有进无出，即水流注入某个水域后不会以任何的形式再流出去；而外流湖恰恰相反，它是水流从一侧流入，从另一侧流出，最终流入海洋。

142 湖水为什么会分层次？

在美国阿拉斯加北部有一个名叫纽瓦克湖，湖水分为淡水和咸水两层。分层湖的出现，与地壳运动及湖泊水源有着密切的关系。原来，这些湖泊曾经是海洋的一部分，在地壳上升之后，大部分海水流归大海，一小部分海水却留在了原地，形成了下部咸水层，高山融雪又带来了上层的淡水，由于淡水密度小，咸水密度大，因而两种湖水便不会混合在一起，于是便出现分层湖。

143 为什么高山和高原上也有湖泊？

高山和高原上的湖泊多数是在地壳构造活动陷落的基础上，又加上冰川活动的影响造成的。冰川像一把铁犁一样在地上刨蚀，刻挖成一个个积水的洼地；还有一些湖泊则是冰碛物壅塞了河道而形成的。后来气候转暖，冰川融化、退缩，于是冰雪融水注入洼地，就成了湖泊。

▼天山天池是天山山脉东段博格达山主峰博格达峰北麓处的一个冰碛湖

144 为什么会有天然沥青湖?

在加勒比海的东南端的岛国特立尼达和多巴哥,有一处世界上最大的天然沥青湖。这个沥青湖中的沥青取之不尽、用之不竭,虽然年年开采却从不见减少。现在,科学的发展让人们揭开了沥青湖形成的秘密。原来由于古代地壳变动,岩层断裂,地下石油和天然气涌溢而出,与泥沙等物质化合成为沥青。沥青在湖床上逐渐堆积硬化,从而形成了如今的天然沥青湖。

145 为什么贝加尔湖会有海洋动物?

贝加尔湖是世界最深的湖泊。令人惊奇的是,在这里生活着大量的海豹、鲨鱼、龙虾、海螺等只有在海洋中才能见到的动物。为什么会这样呢? 这是因为贝加尔湖以前曾与海洋相连,后来由于地壳运动,与海洋分离开来,成为了湖泊。之后,周围众多的河流汇入湖泊,渐渐地冲淡湖水,使之成为淡水湖,结束了它作为海洋的历史。原来生活在这里的大多数海洋生物灭绝。但是,有些生存能力特别强的动物慢慢地适应了淡水环境,继续生存了下来,成为世界上特有的淡水动物,如贝加尔海豹等。

◀ 加尔海豹

146 间歇泉为什么会时停时喷?

制作间歇泉

工具:一个小水桶、软塑料管、一个塑料漏斗

方法:在水桶里装满水,把漏斗的宽口完全放入桶中,将塑料管一端放在漏斗宽口下,朝另一端吹气,水花和气体便从漏斗中喷涌而出。注意! 不要溅得满脸是水!

地球上有一种泉水在喷发一次之后,会停歇一段时间,然后再次喷发。这种泉水被称为"间歇泉"。间歇泉会时停时喷,是因为间歇泉的通道狭窄,泉水不能进行随意的上下对流。这样,通道下面的水在不断加热的过程中积蓄能量,当通道上部水压的压力小于水柱底部的蒸气压力时,通道中的水被地下高压、高温的热气和热水顶出地表,造成强大的喷发。喷发后,压力减低,水温下降,喷发因而暂停,并开始在地下重新积聚能量,然后再度受热、喷出,如此循环,就会成为间歇泉了。

▼美国黄石国家公园的老忠实泉。据科学家推测,老忠实间歇泉至少喷发了 200 年之久,喷射高度最高可达 45 米。它每隔 33~93 分钟喷发一次,每次喷发时间维持在 1.5~5 分钟之间,从不辜负游客的期望,因此获得了"老忠实"的称号

147 为什么温泉的水是热的?

大部分温泉水都是通过岩浆产生的。岩浆在地壳内冷却时会释放出热气,这些热气遇到含水岩层,就能形成热水,热水喷出地表就是温泉。有的温泉会直接喷出地表,有的则是慢慢地流出来,这是与它们受到的压力大小有关。温泉水在到达地表后温度仍然很高,一些温泉甚至可以将生的食物煮熟。

148 为什么温泉能够治病?

温泉在地下流动时,溶解了地下的许多矿物质和微量元素。这些物质对人体健康有十分重要的作用,因此人们可以通过泡温泉吸收这些有益物质。同时,温泉的物理性能和化学成分通过神经——体液机制作用于人体,会使机体产生极其复杂的生物物理学变化,从而达到调节机体功能,使全身各系统功能均趋向正常化的作用。研究表明,温泉可以治疗颈椎病、肩周炎和皮肤病等多种病症。

▲ 一群雪猴正在
露天温泉池中取暖

149 喷泉是怎样形成的?

地球的深处有炽热的岩浆,有的地方甚至高达数百摄氏度。地下水渗透到这里后,就好像是被放在火炉上一样,迅速被加热沸腾了。沸腾的地下水中会产生出大量的水蒸气。水蒸气越来越多,形成一股巨大的压力。当这股压力达到一定程度时,就会同地底的泉水一起,从地面的裂缝中涌出地表,并喷到空中,形成喷泉。

▲ 喷泉

150 为什么会有地下水?

地下水是埋藏在地面以下、存在于岩石和土壤的孔隙中可以流动的水体。但地面以下的水并不都是地下水。因为地面以下的土层可分为包气带和饱水带。包气带的土层中含有空气,没有被水充满,其中的水分被称为土壤水。饱水带中土壤孔隙被水充满,含水量达到饱和,因此这里的水才是地下水。常见的井水、泉水都属于地下水。地下水分布广泛,水量也较稳定,是工农业和生活用水的重要水源之一。

不可思议

如果把地球上所有的水收集起来放到一个球体里,将是一个直径860千米的球体,这个球将和土卫三一样大。

151 为什么冰川会移动?

冰川广泛分布在年平均气温 0 ℃以下、气候寒冷的两极地区或海拔很高的高山地区。这些地区的降水以降雪为主,雪花在地面上堆积起来,越积越厚。一部分积雪在阳光的照射下会慢慢融化,但受周围低温影响,又会马上凝结成冰;有些则在重力的作用下被压紧,凝结成冰。这些冰随着体积和重量的不断增加,最终成为冰川冰。冰川冰继续发展,当重力大于地面摩擦力时,便会发生流动。冰川的流动速度很慢,一般每天只有几厘米,最多的也不过数米之远。

152 为什么说冰川是"大地的刻刀"?

冰川大地地貌的形成具有重要作用,冰川的滑动是冰川进行侵蚀、搬运、堆积并塑造各种冰川地貌的动力。在此运动中,冰川会对谷底、谷坡的岩石产生压碎、磨蚀、拔蚀等作用,形成一系列冰蚀地貌,比如常见的U形谷、羊背石、冰斗、角峰、峡湾、岩盆等。此外,冰川在融化后还会形成湛蓝纯净的冰斗湖、冰碛湖。欧洲、亚洲、北美洲的大陆上冰盖连绵分布,给地表留下了大量冰川遗迹。阿尔卑斯山等著名的山脉之所以如此陡峭挺拔,也是由于冰川的塑形作用。

◀ 冰川

153 什么是冰山?

冰山并不是真正的山,而是漂浮在海洋中的巨大冰块。在两极地区,海洋中的波浪或潮汐猛烈地冲击着海岸边缘的大陆冰川,天长日久,它的前端便慢慢地断裂下来,滑到海洋中,漂浮在水面上,形成了所谓的冰山。冰山体积的 90% 都沉浸在海水中,我们在海面上所看到的仅仅是它的顶峰部分。它的吃水深度一般都超过 200 米,深的可达 500 米之多。冰山会随着海流的方向漂流到很远的地方。最后由于风吹日晒、海浪冲击等作用,会渐渐消失在温暖海域的海水中。

关于冰山……
冰山会对海洋运输带来巨大的威胁。1912 年,英国豪华巨轮"泰坦尼克"号在北大西洋海域与冰山相撞而沉没,这次海难,导致 1500 余人遇难。

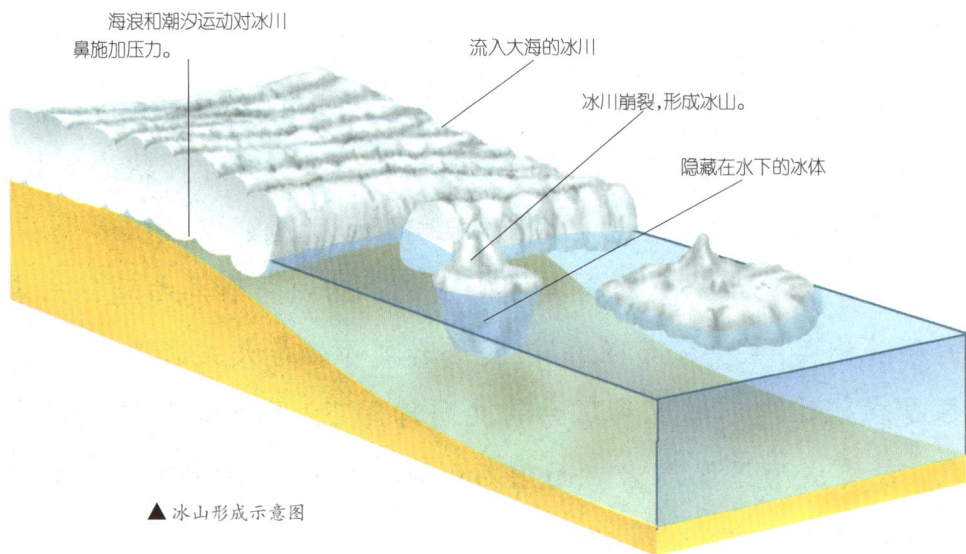

海浪和潮汐运动对冰川鼻施加压力。

流入大海的冰川

冰川崩裂,形成冰山。

隐藏在水下的冰体

▲ 冰山形成示意图

154 什么是岩石和岩石圈?

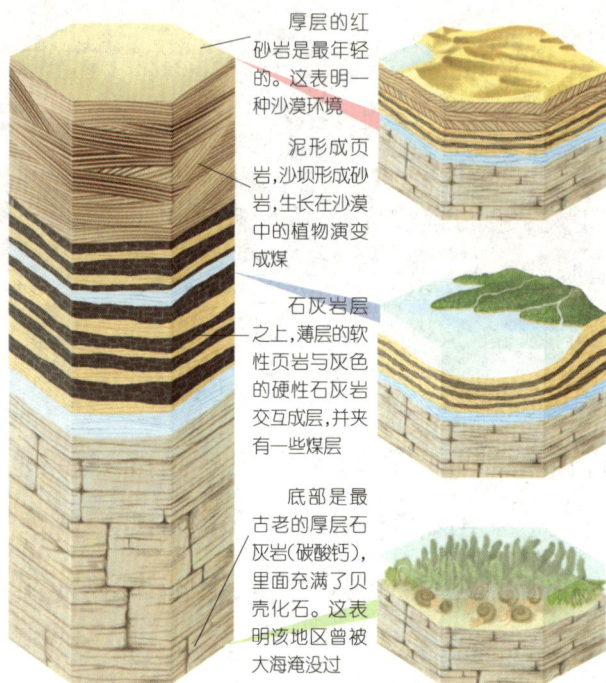

厚层的红砂岩是最年轻的。这表明一种沙漠环境

泥形成页岩,沙坝形成砂岩,生长在沙漠中的植物演变成煤

石灰岩层之上,薄层的软性页岩与灰色的硬性石灰岩交互成层,并夹有一些煤层

底部是最古老的厚层石灰岩(碳酸钙),里面充满了贝壳化石。这表明该地区曾被大海淹没过

▲ 岩石序列可用于追溯某一地区的地质历史

绝大多数岩石由几种矿物组成,但也有由一种矿物组成的岩石,如石灰岩只由方解石组成。岩石圈是指地球上部坚硬的岩石圈层,主要是由花岗质岩、玄武质岩和超基性岩组成的。岩石圈在地球表面,它的下面就是地震波低速带、部分熔融层和厚度为100千米的软流圈。

155 岩石有哪几种类型?

岩石是矿物的集合体,组成岩石的基本化学元素有八种,包括氧、硅、铝、铁、钙、钠、钾和镁。岩石种类繁多,形态、结构各异,但就其成因来说,可分为火成岩、沉积岩和变质岩以及少量陨石。火成岩是由火山岩浆冷却凝固形成的;沉积岩则是由风化岩石的碎片构成,主要分布在海底;变质岩刚开始是火成岩或沉积岩,但是在地球内部高温和压力的共同作用下,它发生了很大的变化,最终成为了变质岩。而陨石则是地球以外的宇宙流星散落到地球上的石体。

156 为什么大理石有漂亮的花纹?

在天然的大理石上，我们常能看到形态各异的美丽花纹。这是因为大理石是在海洋中形成的，而海底生活着大量的动植物，它们死后会留下大量的遗骸，经过许多年后，由于海底地壳的运动，它们被深埋于地下，并与其他种

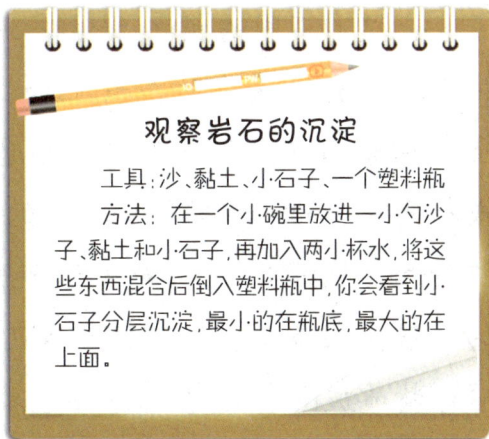

观察岩石的沉淀

工具：沙、黏土、小石子、一个塑料瓶
方法：在一个小碗里放进一小勺沙子、黏土和小石子，再加入两小杯水，将这些东西混合后倒入塑料瓶中，你会看到小石子分层沉淀，最小的在瓶底，最大的在上面。

类的碳酸钙一同发生了地质变化。碳酸钙逐渐变成了白色的石灰岩，动植物遗骸则夹在岩石中，形成了黑色的灰质岩。两种颜色的岩石交错在一起，就会形成拥有漂亮花纹的大理石。由于大理石易于切刻，很久以前就被用作雕刻和建筑材料。

▼ 大理石

157 为什么土壤有各种颜色?

土壤有不同的颜色,是由各地不同自然条件决定的。青土和白土是由岩石本身仅含有单一颜色或相同色彩的矿物风化后形成的。热带和亚热带多红土,是因为那里的气候高温多雨,土壤中的二氧化硅等物质被雨水带走,而呈红色的氧化铁和氧化铝却留了下来,因此土壤呈红色。我国北方的土壤中有大量的碳酸钙聚积层,因此土壤呈现栗色或棕色。有些地方的土壤中有大量的有机物质,有机物质腐蚀积累,就形成了黑色的土壤。

> **关于黑土……**
> 黑土是一种有机质含量非常高的土壤,特别利于水稻、小麦、大豆和玉米等农作物的生长。黑土这种特殊的土壤主要分布在温带混交林带。土质专家说,每形成 1 厘米的黑土就需要 200 年到 400 年的时间。

▼栗色土壤中生长的植物

▲ 东北平原的黑土适合种植大豆

158 为什么说黑土是最肥沃的土壤？

在各种颜色的土壤中，黑色的土壤被认为是最为肥沃的。这是因为在人类未开发前，这些地方生长着茂密的草原植物，这些植物又引来了大批的动物。当生活在这里的动植物死亡后，它们的遗体被土地掩埋，之后被细菌分解，形成腐殖质，这种物质含有丰富的有机化合物，能使土壤变得肥沃。因为腐殖质是黑色的，所以经过年复一年长年累月的积累，土壤里的有机化合物含量越来越高，土壤也就被染成黑色的了。

159 土壤分为哪几层？

土壤与人类的生活息息相关。土壤的形成会受到自然因素和耕种等人为因素的影响，经过不同的成土过程，形成了许多不同的层次。土壤从上腐殖土到下共分为三层，我们平时所见到的是最上面的一层——腐殖土。腐殖土中储存有大量的矿物质和营养素，对植物的生长有着重要的作用，也是土壤中最为宝贵的一层。腐殖土的下面是沉淀层，再下面则是岩石层。正是因为这种层次分明的结构，才使得土壤更加肥沃，有利于植物的生长。

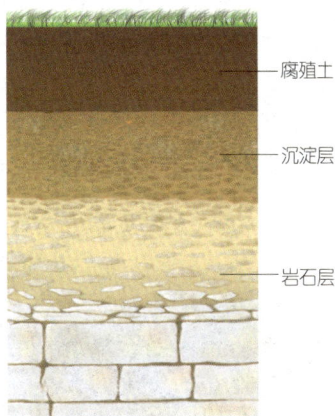

腐殖土

沉淀层

岩石层

▲ 土壤的层级示意图

160 什么是山脉和山系？

山脉是沿一定方向延伸、包括若干条山岭和山谷的山体，因分布像人体脉络而称之为山脉。大约在几亿年前，由于地球板块相互碰撞挤压，有些地方便受力升高，形成山脉。构成山脉主体的山岭称为主脉，从主脉延伸出去的山岭称为支脉。几个相邻山脉可以组成一个山系，比如喜马拉雅山系就包括柴斯克山脉、拉达克山脉、西瓦利克山脉和大、小喜马拉雅山脉。

161 山脉有哪几种？

山脉有四种类型：褶皱山脉、断块山脉、火山山脉和冠状山脉。褶皱山脉是两个大陆板块相互碰撞时，板块边缘在压力作用下产生褶皱而形成的，如喜马拉雅山脉、阿尔卑斯山脉等。断块山脉则是地壳出现裂缝后，来自地下的压力迫使部分岩层上升，部分岩层下降，岩层相互堆叠形成的，德国的哈尔茨山脉便是断块山脉。火山山脉是岩浆喷出地壳表面形成的。而冠状山脉则是因为地壳下的岩浆向上涌，使地球表层的岩石向上隆起而形成的，如美国的阿迪朗达克山脉等。

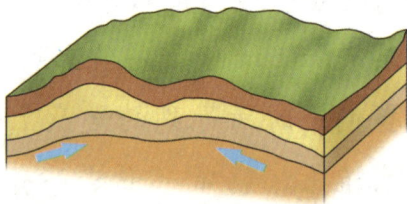

▲ 褶皱山脉

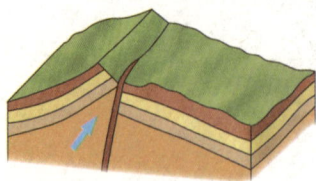

▲ 断块山脉

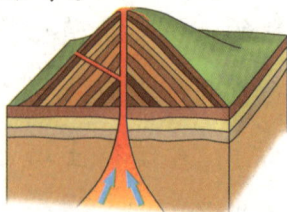

▲ 火山山脉

▲ 冠状山脉

162 喜马拉雅山是从海底长出来的吗?

山脉名片

名称:珠穆朗玛峰
身高:8844.4 米
身份:世界第一高峰
住址:喜马拉雅山脉
国籍:中华人民共和国

2.25 亿年前,喜马拉雅山地区是一片浩瀚的海洋,是古地中海的一部分。在 2000 万年前,印度板块与北面的亚欧板块相撞,碰撞处的地层受到强烈的挤压,产生褶皱,隆起成山,从而形成了地球上最高大的喜马拉雅山脉。据观测,印度板块和亚欧板块现在还在互相挤压,因此喜马拉雅山脉仍以每年 5.08 厘米的速度继续升高,其中,喜马拉雅山脉主峰珠穆朗玛峰每年增高约 1.27 厘米。

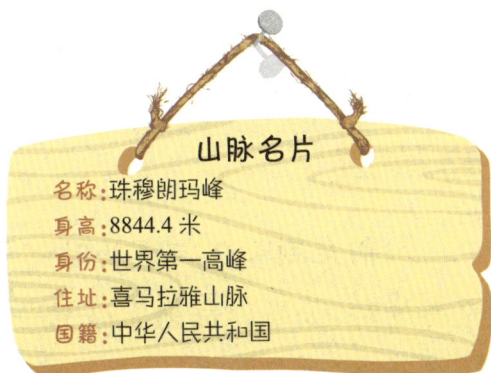

163 世界上最长的山脉是哪一座?

安第斯山脉是世界上最长的山脉,几乎是喜马拉雅山脉长度的 3.5 倍,从北美一直延伸到南美,全长 8900 千米,属美洲科迪勒拉山系,是科迪勒拉山系主干。在安第斯山脉上,有许多海拔 6000 米以上、山顶终年积雪的高峰,其中最高峰是南部的阿空加瓜山,海拔达到 6959 米。

▼ 从高空拍摄的安第斯山脉

164 为什么测量山的海拔要以海平面为标准?

　　人们在测量任何事物时都要有一个统一的标准。在测量山的高度时,如果以陆地上任意一点为标准,各地也都以这个点为标准的话,单是把各地测点都连起来这项工作就不容易完成,而且由于地面的变化,这个标准点的高度也可能变化。

　　因此人们想到了用海平面来作测量的起点。因为,虽然海平面也会有变化,但海平面的平均位置却大致是不变的,而且全世界的海平面高度都相差不大,海洋又包围着所有大陆和岛屿,所以用海平面作为零点来测量高度,是最方便的方法。为了测量方便,各国都把海平面的位置固定下来称为零点,并在岸上标记下来。根据以零点为标准的测量成果,就可以相当准确地把一个国家、一块大陆和全世界的地形图绘制出来。

165 为什么高山上的雪终年不化？

在标准大气压下，每升高100米的高度，气温要下降0.6℃左右，所以到了一定高度，气温就会降到0℃以下，这样的高度冰雪就会终年不化。这个高度的界线，叫作雪线。山顶上堆满冰雪后，由于冰雪表面反射阳光的作用比较强，照射到这里的阳光，一般50~90%的光热都被反射回去，使这里气温更低，冰雪不容易融化。所以在高度超过雪线的山顶上，就会终年积雪。当然，这里还得有雪降落下来，山顶上也还得有可以堆积雪片的场所，所以，并不是所有高山上都能够堆积冰雪。那些积雪的山峰上的冰雪也不是绝对终年不化的，如果有强烈阳光的照射，就会有一些融化。但是不久后又有降雪落下来补充，所以冰雪能始终保持存在，并形成冰川向下运动。

不可思议

由于全球气候变暖，受极地冰川融化、海水受热膨胀等原因的影响，在近一百年中，全球海平面已上升了10~20厘米。

▼ 喜马拉雅山上终年不化的积雪

166 什么是高原？

高原是一大片高出海平面很多，但又起伏不很多的平地。高原面积广大，地形开阔，周边以明显的陡坡为界。高原的海拔高度一般在 1000 米以上，与山地的区别是完整的大面积隆起。高原是因地壳大面积上升而形成的，但由于地壳上升比较慢，所以高原上较为平坦。

关于青藏高原……

青藏高原有"中国水塔"之称，长江、黄河、澜沧江、怒江、雅鲁藏布江等大江大河均发源于此。青藏高原也是世界上海拔最高的高原湖区，有大小湖泊一千多个，青海湖、纳木错、色林错等是著名高原湖泊。

167 为什么青藏高原是"世界屋脊"？

青藏是世界上最高的高原，平均海拔高度在 4000 米以上，因此有"世界屋脊"和"第三极"之称。青藏高原东边是横断山脉，南边和西边是喜马拉雅山脉，北面是昆仑山脉。青藏高原位于中低纬度地区，但因为海拔高而形成了高寒的气候，这里终年气候寒冷，没有夏天，地下形成了很厚的永冻层。

▼青藏高原

▲ 黄土高原

168 为什么黄土高原覆盖着厚厚的黄土?

　　黄土高原位于中国中部偏北地区,是世界上黄土覆盖面积最大的高原。这里的黄土颗粒细,土质松软,含有丰富的矿物质养分,利于耕作,因此农垦历史悠久。这些黄土来自哪里? 有学者认为,黄土来自于中国的西北部,乃至更远的蒙古、中亚地区。那里的岩石白天受热膨胀,夜晚又冷却收缩,慢慢地被风化成大大小小的石块、沙子和泥土。同时,那里又是西北风的发源地,每当冬季西北风盛行时,北风即挟带着细小的沙子和泥土,向东南方搬运。然而,继续往南却遇到高耸的秦岭山脉,被阻挡的风沙便停积在广大黄河中游地区,天长日久越积越厚,最终形成了今天如此广大而巨厚的黄土高原。

169 什么是平原?

平原是陆地上最平坦的区域,它不仅面积广阔,地势平坦,而且土壤十分肥沃,非常适合种植粮食蔬菜。平原的类型较多,按照形成方式,可以分为构造平原、堆积平原和侵蚀平原三种。构造平原是由于地壳的抬升或下降形成的;堆积平原则是沉积物不断堆积形成的平原;而侵蚀平原则是在流水、风化等外力作用下形成的平原。

170 世界上最大的平原在哪里?

亚马孙平原是世界上面积最大的平原。它位于巴西高原和圭亚那高原之间,西接安第斯山麓,东临大西洋,跨越巴西、秘鲁、哥伦比亚和玻利维亚四国,面积达 560 万平方千米,其中在巴西境内 220 多万平方千米。高温、潮湿、多雨是亚马孙平原的最主要特点;此外,这里还蕴藏着最丰富的动植物资源,各类物种多达数百万。

不可思议

亚马孙平原的木材储量约占世界木材蓄积总量的 1/5;此外这里还有 2500 多种鱼,以及 1600 多种鸟。

◀ 亚马孙平原

171 什么是盆地？它是怎样形成的？

盆地是指四周是山地或高原，中间较低成盆状的地貌。盆地主要有两种类型，一种是地壳构造运动形成的盆地，称为构造盆地，另一种是由冰川、流水、风等侵蚀形成的盆地，称为侵蚀盆地。构造盆地根据形成原因的差异又可分为三种：断陷盆地是因断层陷落形成的，凹陷盆地是由于局部构造凹陷而形成的，火口盆地则是由较大规模的火山口保留下来形成的，侵蚀盆地则可分为河谷盆地和风蚀盆地两种。

▲ 卫星拍摄的刚果盆地地貌。刚果盆地是一个构造盆地，位于非洲中西部，是世界上最大的盆地

▲ 卫星拍摄的里海盆地地貌。里海盆地是世界上最大的洼地，它的海拔非常低，许多地方的海拔都在海平面以下

172 为什么盆地大都矿藏丰富？

盆地四周高、中间低，决定了四周山地的河流不断地注入盆地。河流带来了大量的矿物和有机物质，这些物质沉积在盆地中，天长日久便形成了丰富的矿产，比如各种盐类、煤炭、石油和天然气，因此盆地成为矿产最丰富的地区之一。

173 沙漠是怎样形成的?

干旱和风是形成沙漠的两个主要原因。风是沙漠形成的动力,沙是沙漠形成的物质基础,而干旱则是沙漠形成的必要条件。风吹跑了地面的泥沙,使大地裸露出岩石的外壳,或者仅仅剩下些砾石,成为荒凉的戈壁。那些被吹跑的沙粒在风力减弱或遇到障碍时堆成许多沙丘,掩盖在地面上,形成了沙漠。而地球上南北纬15°~35°之间的信风带,气压较高,雨量较少,因而容易形成大面积的沙漠。还有,人类的不科学活动,也会导致沙漠形成。

174 为什么沙漠地区昼夜温差很大?

沙漠干旱缺水,沙子的比热要比水的比热小得多,这就意味着同样的日照下,沙子吸收热量的速度比富含水的区域要快得多。与此相反,在夜晚没有日照的情况下,沙子的热量会迅速释放,温度也随之迅速下降。此外,沙漠区域没有植被,阳光照射的强度会更大,所以沙漠地区昼夜温差大。

175 为什么沙漠里会有"绿洲"?

在夏季时，高山上的冰雪开始融化，并顺着山坡流淌，形成季节性河流。河水流经沙漠时，便会渗入沙子形成地下水。地下水沿着不透水的岩层流至沙漠低洼地带后，会涌出地面，形成一个内流湖。另外，沙漠周围的雨水渗入地下后，也可与地下水汇合流到沙漠的低洼地带。水是生命之源，沙漠中的低洼地带有了水源后，植物就会在这里渐渐生长繁衍起来，形成生机勃勃的沙漠绿洲。

关于沙漠……

撒哈拉沙漠是世界上最大的沙漠，这里虽然气候恶劣，但是却储藏有许多资源。自从20世纪50年代以来，沙漠中陆续发现了丰富的石油、天然气、铀、铁、锰、磷酸盐等矿藏。

▼沙漠绿洲

176 为什么沙漠的沙子有各种颜色?

　　沙漠给我们的第一印象就是天地昏黄一色,其实沙漠不只是黄色的,还会有其他各种颜色。如澳大利亚的辛普森有一片沙漠是红色的,美国南部的路索罗盆地有一片沙漠是白色的,而美国的亚利桑那沙漠则拥有红、黄、紫等各种颜色。沙漠中这些五颜六色的沙子是由含有各种颜色矿物质的岩石风化而形成的。辛普森沙漠的沙子里含有铁,铁被氧化后呈红色,因此沙子也呈现出红色;路索罗盆地沙漠的沙子里含有石膏质,因此呈现出白色;而亚利桑那沙漠的沙子里含有颜色丰富的多种矿物质,因此绚丽多彩。

▼ 黄色沙漠上的驼队

猜猜看:世界最大的沙漠是哪片沙漠?

177 为什么沙漠中有些岩石的形状像蘑菇?

沙漠中常刮大风,粗重的沙粒很难被风吹得很高,只能在地面上方不远处划过。因此,当风带着沙粒吹过时,岩石下部经过带有大量沙粒的风的摩擦,磨蚀就比较严重。而岩石的上部,因为风带来的沙粒比较少,磨蚀不太严重。天长日久,就形成上粗下小的蘑菇状了。

▲ 沙漠中蘑菇状的岩石

178 沙丘为什么会移动?

在沙漠中,由于石头、植物等障碍物阻碍了气流,沙子在顺风一侧堆积起来,便形成了沙丘。沙丘增大后,开始顺着风向渐渐成为不对称的形状。这时,沙丘对气流的干扰也越来越大,在沙丘向风的一面风速加大,跳跃的沙粒被吹动向上,并越过丘峰,落到沙丘的另一侧,使背风一侧成为陡峭的滑面。当滑面越来越陡峭时,沙丘就会变得不再稳定,顶部的沙子最终会从陡峭的滑面滑下,于是沙丘便向前推进。这就是沙丘会移动的原因。

关于沙丘……

沙丘是沙漠的代表景观,沙丘会因风向不同而呈现不同的形状,如果风向保持不变,就会形成平行沙丘;如果风从好几个方向吹来,就会形成星星状的沙丘;而通常情况下,沙丘像一轮弯月的形状。

179 什么是草原？

草原是地球上最主要的生态资源之一，草原植被以耐寒的草本植物为主。草原是温带半干旱、半湿润环境下形成的旱生或半旱生草本植物占优势的一种植被类型，主要分布在欧亚大陆和北美大陆的温带地区。草原地区冬季寒冷，夏季温热，降水较少，蒸发强烈。草原的边界无法确定，而且会随时发生变动，这是由气候的变化和人为因素(开垦土地或畜牧等)造成的。

180 草原都有哪些类型？

草原可以分为温带草原和热带稀树草原两大类，其中温带草原又可分为温带干草原和温带草甸草原。温带干草原主要分布在亚欧和北美大陆的中部和南美洲南部等内陆地区。温带草甸草原是森林向草原过渡的一种植被类型，热带稀树草原主要分布在热带森林和热带荒漠之间。

▼ 热带稀树草原

181 森林有哪些类型？

森林是以乔木为主体的植被类型。森林的分布范围相对广阔，约占陆地面积的30％，在寒带、温带、亚热带、热带的山地、丘陵、平原及沼泽、海滩等地都有分布。森林的类型有很多种，按其在陆地上的分布，可以分为针叶林、针叶阔叶混交林、落叶阔叶林、常绿阔叶林、热带雨林、热带季雨林、红树林、珊瑚岛常绿林和灌木林；按发育演变又可分为天然林、次生林和人工林；按林龄则可分为幼林、中龄林、成熟林和过熟林；按年龄结构可分为同龄林和异龄林等。

> **不可思议**
>
> 每年，风会将大约4000万吨富含营养的灰尘，从撒哈拉带到亚马孙热带雨林，从而促进亚马孙热带雨林植被的生长。

182 为什么森林能够防风？

为了阻挡大风和流沙对绿洲和城市的侵害，人们常常在沙漠边缘地带种植防风林带。防风林之所以能够防风，主要是因为防风林中的大树根系都很发达，而且人们将树木按照一定的密度排列成行，形成网络，当大风刮来的时候，大树就会"手挽手"地组成一道道防护墙，挡住风的去路，使大风绕道而行。钻进林中的风也会遭到树枝和树叶的阻拦，使风力减弱，风速变慢，破坏力也就减小了。因此，可以说森林是天然的"防风障"。

183 为什么森林能够调节气温？

夏天，树木进行光合作用和蒸腾作用的速度比较快，能迅速将水分释放到空气中，水分的蒸发带走热量，森林里就凉快下来了；冬天，树木的光合作用和蒸腾作用都变慢了，热量很难散发出去，而且阳光直射进林间，也能使森林的温度升高，所以森林里就会比较暖和。森林不仅能调节自身的温度，对整个周边环境也能起到同样的作用。因为它大量吸收二氧化碳，而二氧化碳又是气候变暖的主要因素，所以，森林可以说是大自然的"绿色空调"。

▼森林

184 为什么热带雨林是"地球之肺"?

森林可以净化空气,调节气候,而热带雨林更是对环境起着至关重要的作用。热带雨林主要分布在赤道南北两侧,这里终年湿热,植物茂盛,能够吸收空气中大量的二氧化碳,释放出大量氧气,对全球气候具有极大的影响,因而热带雨林又被誉为"地球之肺"。此外,热带雨林中的生物种类极为丰富,其中仅高等植物就有4.5万种以上。丰富的植物种类为各种各样的动物提供了食物和栖息场所,所以这里也成为了地球上动物种类最丰富的地区。

关于森林……

森林是自然界的"调度师",调节着自然界中空气和水的循环,影响着气候的变化,保护着土壤不受风雨的侵犯,减轻环境污染给人类带来的危害。

▶ 热带雨林

185 沼泽是怎样形成的？

沼泽是长期处于过湿状态，土壤水分几乎饱和，生长着喜湿和喜水性植物的地方。沼泽的形成与植被密不可分，沼泽中生长有大量喜湿性和喜水性的沼生植物。由于水多，沼泽地土壤缺氧，在厌氧条件下，植物霉烂后分解缓慢，只呈半分解状态，最终形成泥炭，再加上泥沙的大量堆积，就会逐渐演变成沼泽。

▲ 在湿地生活的朱鹮

186 为什么湿地是重要的生态系统？

湿地是陆地生态系统和水生生态系统之间的过渡性地带，在土壤浸泡在水中的特定环境下，生长着很多湿地的特征植物。湿地的功能是多方面的，它既可以直接利用水源或补充地下水，又能够有效地起到泄洪和防止土地沙化的作用；此外，它还能滞留沉积物、有毒物、营养物质，从而改善污染的环境；湿地还能以有机质的形式储存碳元素，减少温室效应，保护海岸不受风浪侵蚀。

187 什么是雅丹地貌？

在中国沙漠里，有一种由断断续续的沟槽间隔分布的地貌组合，被称为雅丹地貌。雅丹原意是"具有陡壁的小丘"，后泛指风蚀垄脊、土墩、风蚀沟槽及洼地的地貌组合。这种地形因在罗布泊周围的雅丹地区发育得最典型，分布面积最广，因此而得名。

188 什么是喀斯特地貌？

人们常将石灰岩地区这种溶蚀地貌称为喀斯特地貌。喀斯特地貌是石灰岩地区地下水长期溶蚀的结果。石灰岩的主要成分是碳酸钙，在有水和二氧化碳时，碳酸钙、二氧化碳和水会发生化学反应，生成碳酸氢钙。碳酸氢钙可溶于水，于是石灰岩便会形成空洞并逐步扩大，渐渐形成绮丽的喀斯特地貌。

关于喀斯特地貌……
中国的桂林山水、土耳其的卡帕多西亚奇石林、美国的猛犸洞穴等自然景观都属于喀斯特地貌，这些地方因为独特的地貌吸引着世界各地数以万计的游客来观光旅游。

▼ 云南的路南石林是世界唯一位于亚热带高原地区的喀斯特地貌风景区，素有"天下第一奇观"、"石林博物馆"的美誉

189 为什么石灰岩洞中会形成钟乳石和石笋？

溶洞中的石笋和钟乳石，都是由石灰岩构成的。石灰岩的主要成分是碳酸钙，它可与水和二氧化碳反应，生成可溶于水的碳酸氢钙。碳酸氢钙从溶洞顶部裂隙渗透出来并黏附在洞顶，此后由于水分蒸发、压强降低或温度的变化，部分碳酸氢钙中的二氧化碳分解出来，析出碳酸钙沉淀，从而形成一个小突起，然后逐渐变大并向下延伸，久而久之便形成了钟乳状的钟乳石。钟乳石的生长速度非常缓慢，大约几百年的时间才能长1厘米。石笋是钟乳石的亲密伙伴。当洞顶上的水滴落下来时，里面所含的碳酸钙在地面上一点点沉积起来，逐渐形成了一根根笋状的石笋。石笋比较牢固，所以它的生长速度比钟乳石快，有时能形成30多米高的石塔。

◀ 桂林七星岩天柱山洞内钟乳石

190 "地球的伤痕"指的是什么？它是怎样形成的？

裂谷是地球上非常奇特的自然地貌之一，裂谷最常出现在相邻的两个板块之间。东非大裂谷是世界上最长的裂谷，是由于3000万年前的地壳板块运动，非洲东部底层断裂形成的，它纵贯非洲东部，因此有人将其称为"地球表面的伤痕"。

不可思议

人类在地壳中凿的最深的洞深约12.4千米，而地球的半径约为6371千米，因此，这个深洞只相当于在地壳表面开个小鼠洞。

东非大裂谷犹如一座巨型的天然蓄水池，非洲大部分湖泊都集中在这里，这里有大大小小的湖泊30多个，如维多利亚湖是非洲第一大湖，坦噶尼喀湖是世界第一深湖，而纳库鲁湖则是世界火烈鸟最集中的栖息地，数量最高达600万只。东非大裂谷还是野生动物的乐园，湖区土地肥沃，植被茂盛，野生动物众多，大象、河马、非洲狮、犀牛、羚羊、狐狼、红鹤、鹈鹕、秃鹫等都在这里栖息。东非大裂谷的另一个特色是，它可能是人类文明最早的发源地。

1975年，科学家在坦桑尼亚和肯尼亚交界挖出了350万年前的人类遗骨以及足迹化石，这是目前为止所发现最古老的史前人类证据。

▼直到今天，东非大裂谷依然在扩大

191 百慕大地区为什么被称为 "魔鬼海域"?

▲ 卫星拍摄的百慕大群岛

百慕大群岛位于大西洋的西部,距北美大陆 900 多千米,由 150 个小岛和许多岩礁组成。1515 年西班牙航海家胡安·德·百慕德斯乘船从这里经过时发现了它们,于是便给这片岛屿取名为百慕大群岛。百慕大群岛水下岩石密布,暗礁丛生,洋面上暖流浩荡,旋涡连连,天空风云变幻,风暴肆虐,常常掀起倒海巨浪。由于气象变化复杂,地形险恶,百慕大海域常常有船只和飞机遇难的事件发生,因此百慕大海域被人们称为"魔鬼海域"。

▼ 百慕大群岛

▲ 多佛尔悬崖

192 多佛尔的悬崖为什么是白色的?

多佛尔是英国东南部的海港城市,其白色悬崖是一段垂直"插"进海里近百米高峭似削的绝壁危崖,朝海的一面裸露着白色岩石,因此被称为"白色悬崖"。白色悬崖以形成于晚白垩纪的白垩地层为主,当时无数微生物的躯体和富含碳酸钙的贝壳死后沉入海底,再经过沉积作用、海水和风力的侵蚀作用逐渐形成。

193 挪威蜿蜒曲折的峡湾是如何形成的?

挪威拥有长达 2.5 万千米的峡湾,素有"峡湾国家"之称,从北部的瓦伦格峡湾到南部的奥斯陆峡湾为止,一个接一个,这无穷尽的曲折峡湾和无数的冰河遗迹构成了壮丽精彩的峡湾风光。大约 100 万年前,该地区的冰川厚度达到 2000~3000 米。从 1 万年前开始,冰川开始融化并向海洋移动,在此过程中产生了巨大的力量,将山谷切割成 U 形,海水倒灌的地方就形成了峡湾。

关于冰川……

地球上至少出现过 3 次大冰川时期,即前寒武纪晚期的大冰川时期、石炭纪至二叠纪的大冰川时期和第四大冰川时期。一般说的冰河世是指第四纪大冰川时期,因为它离我们最近。

▼ 挪威的峡湾

131

▲ 好望角风暴

194 好望角为什么被称为"风暴角"？

　　非洲大陆西南端的好望角被称为"风暴角"。1487 年，葡萄牙著名航海家迪亚士在航海途中，曾两次经过南非这个岬角，因这里多风暴，所以迪亚士为其取名为"风暴角"。不过，当迪亚士回到葡萄牙向国王汇报这个"风暴角"时，葡萄牙国王却认为这是一个好兆头，他认为只要绕过这个风急浪高的海角，就有希望通往美丽富饶的东方，于是，国王将其改名为好望角。好望角长约 4.8 千米，地处大西洋和印度洋相汇之处，多暴风雨，海浪汹涌，人们将这里的巨浪称为"杀人浪"。这种海浪前部犹如悬崖峭壁，波高 15~20 米，冬季出现得更加频繁，当和极地风引起的旋转浪叠加在一起时，海况就更加恶劣，航行到这里的船舶往往遭难，因此，这里成为世界上最危险的航海地段。

195 为什么风也能发电?

风能是地球表面大量空气流动所产生的动能。风能是大自然的一种恩赐,它是一种可再生、无污染而且储量巨大的自然能源。风能发电的原理很简单,如果风吹动发电机上的风叶旋转,风叶就会带动发电机产生电能。风能既是可再生资源,又不会污染环境,因此现在世界各国都在大力发展风力发电。

关于"风车王国"……

荷兰被称为"风车王国",其实荷兰人最初发明风车是用来排水的,后来风车还被用来灌溉、发电等。如今,在绿草如茵的草原和运河的背景中,转动的风车景象已成为荷兰刻画在世人心中最经典的形象。

196 为什么水可以发电?

水力发电,首先需要一个大水库将水存储起来,然后在下部安装水轮机,当从高处流下来的水冲击在水轮机上时,水流就会推动水轮机转动。如果把发电机连在水轮机上,水轮机就会带动发电机转动,电流就产生了。水能是可再生能源,水力发电对环境冲击较小,因此,被世界各地广泛利用。

197 什么是地热资源？

地球中心是一个巨大的热库，蕴藏着巨大的热能。当雨水渗入地下或地下水流经地球内部不同深度的高温高压区时，水就会被热岩加热成热水或蒸汽，并透过厚厚的地层向外释放，这种"大地热流"产生的能量，被称为地热能。如果达到可开发利用的条件，便成了具有开发意义的地热资源。地热资源按温度可分为高温、中温和低温三类。温度大于150℃的地热以蒸气形式存在，叫高温地热；90℃~150℃的地热以水和蒸气的混合物形式存在，叫中温地热；小于90℃的地热以水的形式存在，叫低温地热。

▲ 地热喷泉

198 矿物是怎样形成的？

矿物是一种特殊的岩石，它是在一定的地质条件下，通过分解和化合而产生的化合物和单质。目前，地球上已知的矿物有3000多种，最常见的却只有50~60种。矿物是在一定的物理化学条件下形成的，当外界条件变化后，原来的矿物可变化形成一种新矿物。矿物的形成包括气态变为固态、液态变为固态和固态变为固态三种形式。气态变为固态的最常见形式是火山喷出的硫化氢气体形成硫单质，液态变为固态是盐湖中因蒸发结晶而形成盐类矿物，而固态变为固态则主要是由非晶体变成晶体的矿物。

199 为什么矿石会有各种各样的颜色？

矿物有多种多样的颜色，人们通过自然光照形成的颜色来鉴别矿物，但是有一系列矿物的颜色会呈现得不一样，比如紫色的紫水晶，黄棕色的黄晶，无色水晶等。矿石有各种各样的颜色，这主要与各种矿石及组合成分的不同有关。一些矿石的颜色称为"自色"，一些矿石的颜色称为"他色"，这是因为含有对颜色产生影响的杂质，如红宝石显红色，是因为它含有金属铬，石英矿如含炭质就会呈黑色。此外，还有一些矿石颜色是表面受光线影响所造成的。

▲ 五颜六色的矿石

不可思议

一些矿物和矿石常相伴而生，雄黄和雌黄就是常常共生在一起的一对矿物，因此，人们将它们比作"矿物鸳鸯"。

▼ 各种矿石

200 地层中有哪些金属矿物？

金属矿物是指可以提取一定量金属的岩石。在自然界中，除了金和铜这两种金属是独立存在的，其他的大多数金属都是从矿石中提炼出来的。地球给我们提供了很多金属矿物，比如常见的铜、铁等。将这些矿物加以提炼，就能得到金属。金属是人类生产生活中不可缺少的材料。而像金、银、铂等金属在地壳中储量非常少，又被叫作"贵金属"，是打造饰器的主要材料，价格通常比较昂贵。

不可思议

琥珀里面常会包裹着一只昆虫或是树叶。古代植物分泌出大量黏性强的树脂，昆虫或其他生物落在上面就被粘住，时间久了，就变成了琥珀。

▼矿工在开采矿石

▲ 智利的铜矿坑

201 智利为什么被称为"铜矿之国"?

　　智利拥有很多的铜矿,如世界最大的露天铜矿、最大的地下铜矿等;此外,在智利还有大、中、小铜矿数百个,可谓星罗棋布;另一方面,智利的铜矿资源丰富,目前,智利铜矿探明储量达 1.47 亿吨,约占世界总储量(5.44 亿吨)的 27%。自 1976 年以来,智利的铜年产量都在 100 万吨以上,多年来一直是世界第一大铜出口国。智利为什么会有如此丰富的铜矿储量? 在距今 2.5 亿年,西移的南美洲板块西缘因受到向东俯冲的太平洋板块挤压顶托作用,促使安第斯山逐步隆起,并有剧烈的火山活动和花岗岩岩浆侵入活动。在距今 7000 万年时,年轻的安第斯山区火山活动和岩浆侵入十分频繁,特别是以延伸较远而宽度较小的板状岩林——岩墙形式侵入到上层的岩浆体, 对安第斯山大多数矿藏的形成起了很大作用,因此在安第斯山多种有色金属富集区,其中最突出的是铜矿,矿区从秘鲁南部延伸到智利中部,成为世界上最大的铜矿带。智利领土辖其大部分,自然成为"铜矿之国"。

202 化石是怎样形成的？

化石是保留在岩石中长达数百万年的生物遗体、遗迹。从化石中我们可以看到古代生物的样子，从而推断出古代生物的生活环境以及埋藏化石的地层形成的年代和经历的变化，可以看到生物从古到今的变化等。几千万年前的动物、植物死亡后，被埋在泥沙里。随着时间的推移，动植物的尸体会随着泥沙的沉积逐渐被埋在地球深处。由于地底的压力很大，温度很高，沉积的泥沙逐渐变成了岩石层，地质学上叫地层。动植物尸体的坚硬部分，如骨骼、贝壳等也随着泥沙逐渐变为地层，并像岩石一样坚硬；动植物尸体的柔软部分，如叶子等也可能在地层中留下印迹。这样，化石就形成了。

▲ 化石的形成示意图

203 煤是怎样形成的?

4000万~5000万年前的地球上,生长着大片的森林,当时的气候温暖湿润,因此森林枝繁叶茂。千万年之后,随着地壳运动,地面下沉,大量的林木被掩埋在地下,其上覆盖着厚厚的地壳风化物。这些林木长期与空气隔绝,并在高温高压下,经过一系列复杂的物理、化学变化形成黑色可燃化石,这就是煤炭的形成过程。只要你拿来一块煤块仔细观察,就可以清晰地看到煤块上有植物的叶和根茎的痕迹。煤炭既是动力燃料,又是化工和制焦、炼铁的原料,素有"工业粮食""黑色的金子"之称。由于地质条件和进化程度不同,形成的煤炭含碳量不同,因而发热量也就不同。按发热量大小顺序可将煤炭分为无烟煤、烟煤和褐煤等。褐煤是最低级的煤,无烟煤的含碳量最高,是最高级的煤。

煤形成于约3.5亿年前的石炭纪,是由石炭纪的沼泽、森林植物演化成的

在煤形成前,先会形成一种纤维物质——泥炭。泥炭既可作燃料,又是促进植物生长的养料

关于煤炭……
在全世界范围内,煤炭在北半球分布最多,而在南半球储量比较少。就中国而言,则是北方多(尤其华北、西北多),南方少(尤其东南沿海少)。全球8个储量最大的国家依次为美国、俄罗斯、中国、澳大利亚、印度、德国、南非和波兰。

泥炭受沉积物压缩,形成褐色煤

树木被压缩成结构致密的烟煤

◄ 煤的生成过程示意图

最终形成无烟煤

204 石油是从哪里来的?

石油也称原油,广义的石油通常指天然存在于地下的以烃类化合物为主、并含少量杂质的混合物。石油是由数百万年前的史前海洋生物遗骸形成的。从距今 6500 万年的新生代,以及更久远的中生代,海洋生物死后躯体下沉,并被埋在泥沙层下,泥沙层后来逐渐变成岩石层。岩石层压力和细菌的作用使生物遗骸变成了浓稠的石油。石油会穿过疏松岩石层向上流动,一直流到致密岩石层才被挡住,并渐渐聚集成为油田。

水中生物的遗骸下沉而埋没于地下

因地热或地压作用变成石油

石油大多集中在地层的背斜构造部分,砂岩之类的空隙较多的岩石地区等

▲ 石油的形成示意图

▼ 油田的游梁式抽油机

猜猜看:什么被誉为"工业的血液"?

205 世界上最重要的产油区在哪里?

西亚是世界上最重要的石油产区，以波斯湾为中心的西亚石油带曾经是古代地中海的一部分，生存着各式各样的生物，再加上河流带来的大量泥沙长期堆积，为石油的产生创造了条件。西亚地区的石油储量占全世界总储量的50%以上，年产量占全世界总产量的1/3，生产的石油90%以上供输出，石油输出量约占世界石油总输出量的60%，因此素有"石油宝库"之称。

关于波斯湾……

西亚的波斯湾，又称海湾。波斯湾是世界上石油资源最丰富的地方，石油储量占世界的50%，其中沙特阿拉伯就占了世界石油总储量的1/4以上，伊拉克、阿联酋、科威特、伊朗也盛产石油。因此，海湾地区有世界油库之称。

1. 腐烂的动植物没入海底。

2. 不断积累的沉积物将其埋没。

3. 生物遗骸随着温度升高和压力增大变为天然气。

▲ 天然气产生过程示意图

206 地层里为什么会有天然气?

在几千万年甚至上亿年以前，海洋生物死后，尸体沉入海底形成有机碳，有机碳处在缺氧的环境中，再加上岩层的压力、温度的升高和细菌分解，最后变成石油和天然气。随着地壳的运动，地下的天然气会慢慢汇集形成一个储存天然气的气带。

207 什么是生物圈?

生物圈是地球上所有生命诞生和生存的空间,它包括了地表上下 25~34 米内的区域。其中,大部分生物都集中生存在地表以上 100 米到水下 100 米的大气圈、水圈、岩石圈、土壤圈等圈层的交界处,这里是生物圈的核心。生物圈里繁衍着各种各样的生命,它们分为以绿色植物为主的生产者、以动物为主的消费者和以微生物为主的分解者,这三类生物与其所生活的无机环境一起,构成了一个相对稳定而平衡的整体。地球上的一草一木都是生物圈的一部分。

生境

生态系统

生物圈

地球

▲ 生物圈内的单位

208 什么是生态系统?

为了生存和繁衍,每一种生物都要从周围的环境中吸取空气、水分、阳光、热量和营养物质,又会不断向周围的环境释放和排泄各种物质,死亡后的残体也复归环境。例如,食草动物以绿色植物为食物,肉食性动物以食草动物为食物,各种动植物死后,尸体成为微生物的营养来源,微生物的活动释放出植物生长所需要的营养物质。经过长期的自然演化,每个区域的生物和环境之间、生物与生物之间,都形成了一种相对稳定的结构,具有相应的功能,这就是生态系统。

209 为什么臭氧层会被破坏?

臭氧层被破坏的主要原因是人造化工制品对大气的污染,如氟利昂等。氟利昂气体比空气轻,一经释放,就会慢慢上升到地球大气圈的臭氧层顶部。在那里,紫外线会把氟利昂气体中的氯原子分解出来,氯原子则会把臭氧中的一个氧分子夺去,使臭氧变成氧气,臭氧被破坏而丧失了吸收紫外线的能力。农业无控制地使用化肥会产生大量氧化氮,各种燃料的燃烧也会产生大量氧化氮,这些物质都会破坏臭氧层,对地球上的生物生存产生潜在的威胁,危及生态环境及人类的生存。

关于臭氧层……

在常温下,它是一种有特殊臭味的蓝色气体,因此被命名为"臭氧"。臭氧主要由太阳光线中的紫外线制造产生,臭氧层能够吸收太阳释放出的绝大部分紫外线,保护着地球不受紫外线的照射。

▼大气污染

太阳辐射

太阳

部分热辐射返回宇宙

部分热辐射折回地球

太阳辐射以热的形式折回空中

大气圈

地球

▲ 自然的温室效应

少部分热辐射返回宇宙

大部分热辐射折回地球

太阳

积累的温室气体

大气圈

地球

▲ 不平衡的温室效应

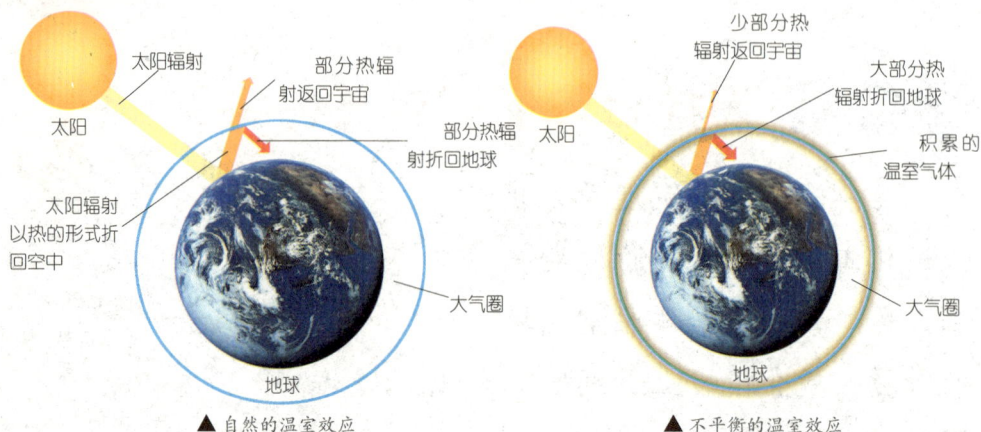

210 什么是"温室效应"?

大气中不断增加的二氧化碳就像一层厚厚的玻璃罩,使阳光可以照射进来,热量却不能够散发出去,地球因此变成了一个大暖房,这种现象就是"温室效应"。由于二氧化碳逐渐增加,温室效应也不断增强,这使得全球气候不断变暖。据分析,在过去200年中,二氧化碳浓度增加了25%,地球平均气温上升了0.5℃。据此推算,到21世纪中叶时,地球表面平均温度将上升1.5℃~4.5℃。温室效应会使地表气温升高,全球变暖,从而导致某些地区雨量增加,某些地区出现干旱,飓风力量增强,出现频率提高,自然灾害加剧。更令人担忧的是,气温升高将使两极地区冰川融化,海平面升高,许多沿海城市、岛屿或低洼地区将面临被海水吞没的威胁。

▼ 如果大气不存在温室效应,那么地表温度将会下降约3℃或更多;反之,若温室效应不断加强,全球温度也必将逐年持续升高

211 什么是"厄尔尼诺"现象？

"厄尔尼诺"在西班牙语里的意思是"圣婴"。从19世纪初开始，秘鲁和厄瓜多尔海岸，每年从圣诞节起至第二年3月份，都会发生季节性的沿岸海水水温升高的现象，3月份以后，暖流消失，水温逐渐变冷，当地人称这种现象为"厄尔尼诺"。

正常情况下，热带太平洋区域的季风洋流是从美洲走向亚洲，使太平洋表面保持温暖，给印尼周围带来热带降雨。但是，这种模式每隔2~7年就会被打乱一次，出现我们所说的"厄尔尼诺现象"。厄尔尼诺现象的基本特征是太平洋沿岸的海面水温异常升高，海水水位上涨，并形成一股暖流向南流动。它使原属冷水域的太平洋东部水域变成暖水域，结果引起海啸和暴风骤雨，造成一些地区干旱，另一些地区又降雨过多的异常气候现象。20世纪90年代以后，随着全球变暖，厄尔尼诺现象出现得越来越频繁。

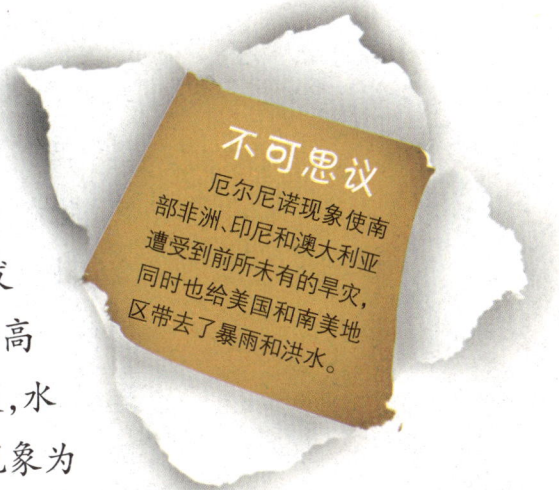

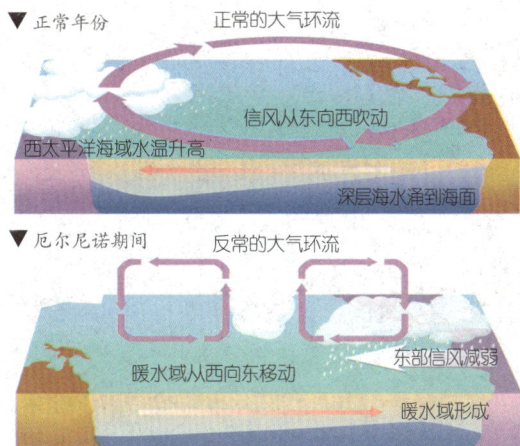

▼ 正常年份　正常的大气环流
信风从东向西吹动
西太平洋海域水温升高
深层海水涌到海面

▼ 厄尔尼诺期间　反常的大气环流
暖水域从西向东移动
东部信风减弱
暖水域形成

212 什么是沙尘暴?

沙尘暴是一种风与沙相互作用的灾害性天气现象,它的形成与温室效应、厄尔尼诺现象、森林锐减、植被破坏、物种灭绝、气候异常等因素密不可分。沙尘暴主要发源于沙漠化的地区,这些地区地面干燥,地表没有植被。一旦遇到大范围很不稳定的空气及地面风速很大的情况,地表沙尘很容易被吹起,进入空气中形成沙尘暴。沙尘暴极有可能使患有呼吸道过敏性疾病的人群旧病复发。即使是身体健康的人,如果长时间吸入粉尘,也会出现咳嗽等多种不适症状,导致流行病的发作。

◀沙尘暴

213 为什么沙漠化威胁到人类生存?

土地对人类的发展至关重要，因为有土地人类才能发展农业，才能生息繁衍，因此土地被科学家视为人类赖以生存的"面包房"和"食品房"，因为它每年为人类生长出上百亿吨粮食，并向牧民提供了放牧牲畜的基本条件。我们从吃的粮食、用的木材到拯救生命的药

不可思议

新疆的沙漠中的楼兰古城，在3000多年前曾是一片植被茂密、水草丰美的地方。后来，沙漠吞噬了这座文明古城。

材，都不能离开土地。然而，世界各国科学家们研究的大量材料表明，土地这个极为宝贵的资源正面临着沙漠化的威胁，人类的"食品库"正在被摧毁。就中国而言，已有 13 个省区、33.4 万平方千米土地受到沙漠化威胁，特别是中国西北地区，土地沙漠化面积远远大于人工治理的面积。

珊瑚礁

214 为什么要保护珊瑚礁？

在热带和亚热带浅海中生长着许多珊瑚。它们死后，石灰质骨骼就积累下来，而它们的后代又繁殖、生长在这些骨骼上，如此长年累月地堆积起来，就在水面下形成了珊瑚礁。珊瑚礁就像一道道屏障，保护着海岸线。如果珊瑚礁被人为地大规模破坏，波浪就会不断冲刷海岸，造成海岸土壤大量流失。珊瑚礁密集的地方食物丰富，是各种鱼虾类栖息和觅食的场所，对维持海洋生态平衡有着重要的作用。因此，保护珊瑚礁就是维护海洋的生态平衡。

不可思议

世界上约有 100 万的物种生活在海洋中，目前，只有 2/3 的物种是被人类认识的。

215 为什么要保护海洋?

海洋占地球表面积的 71%，它的热容量比空气大得多，是一个天然气候"调节器"。大气中的水汽也主要来自海洋。据估算，如果把地球上的海水加以提炼，可得到 550 万吨黄金、40 亿吨铜、137 亿吨铁，而盐可以供人类用 5 亿年。此外，海洋里还有丰富的动植物资源，保持了地球生物的多样性。因此，如果海洋受到污染和破坏，那么人类生存所需的和谐环境也将不复存在。

216 为什么要建立自然保护区?

自然保护区是生物物种的"贮存库"，这里保存和拯救了一大批濒危动植物；自然保护区还是进行自然保护研究的"天然实验室"。此外，自然保护区还为研究生态和环境变化的规律以及珍稀物种的繁殖、驯化提供了有利的条件。同时，自然保护区也是向人们进行自然保护教育的"活的自然博物馆"。

▼ 自然保护区

美国孩子
最喜欢问的为什么

关于**地理**的
有趣问题